Wir sind wie Baumstämme im Schnee

AF208892

Waxmann Verlag GmbH
Steinfurter Straße 555, 48159 Münster
info@waxmann.com

Arata Takeda, Dr. phil., studierte Germanistik, Romanistik und Komparatistik an der International Christian University (Tokyo), der Universität Tübingen und der Università Ca' Foscari di Venezia; 2004–2007 Promotionsstipendiat der Friedrich-Naumann-Stiftung für die Freiheit; 2008 Promotion in Neuerer deutscher Literatur und Allgemeiner und Vergleichender Literaturwissenschaft an der Universität Tübingen; 2008–2011 wissenschaftlicher Mitarbeiter am Deutschen Seminar der Universität Tübingen; Wintersemester 2011/2012 Research Fellow am IFK Internationales Forschungszentrum Kulturwissenschaften (Wien); derzeit Feodor Lynen Research Fellow der Alexander von Humboldt-Stiftung am Department of Germanic Studies der University of Chicago.

Buchpublikationen: Ästhetik der Selbstzerstörung. Selbstmordattentäter in der abendländischen Literatur. München: Wilhelm Fink, 2010; Die Erfindung des Anderen. Zur Genese des fiktionalen Herausgebers im Briefroman des 18. Jahrhunderts. Würzburg: Königshausen & Neumann, 2008.

Arata Takeda

Wir sind wie
Baumstämme im Schnee

Ein Plädoyer für transkulturelle Erziehung

Waxmann 2012
Münster / New York / München / Berlin

Bibliografische Informationen der Deutschen Nationalbibliothek
Die Deutsche Nationalbibliothek verzeichnet diese Publikation in
der Deutschen Nationalbibliografie; detaillierte bibliografische
Daten sind im Internet über http://dnb.d-nb.de abrufbar.

ISBN 978-3-8309-2716-7

© Waxmann Verlag GmbH, 2012

www.waxmann.com
info@waxmann.com

Umschlaggestaltung: Pleßmann Design, Ascheberg
Umschlagabbildung: Ernst Ludwig Kirchner, *Wintermondlandschaft*
(1919), Detroit Institute of Arts
Satz: Stoddart Satz- und Layoutservice, Münster

Gedruckt auf alterungsbeständigem Papier,
säurefrei gemäß ISO 9706

Meinen Nichten und Neffen

Inhalt

Vorwort

Die jüngere Vergangenheit ist von einer immer dichter werdenden Abfolge von Warnzeichen und Reaktionen geprägt. Erschütternde Ereignisse verlangen politische Weichenumstellungen, die überfällig sind, mit erhöhtem Nachdruck: die globale Finanz- und Wirtschaftskrise eine strenge Regulierung der Finanzmärkte, die Nuklearkatastrophe von Fukushima einen radikalen Kurswechsel in der Energiepolitik, und das Bekanntwerden des erschreckenden Ausmaßes rechtsterroristischer Aktivitäten in Deutschland während der 1990er und 2000er Jahre mit Verstrickung von NPD-Mitgliedern sicherheitspolitische wie auch verfassungsrechtliche Konsequenzen. Ein politisches Umsteuern ersetzt indes kein gesellschaftliches Umdenken. Vielmehr vermag in einer Demokratie ein Umsteuern im gesellschaftlichen Denken ein politisches Umdenken in Gang zu bringen. Das vorliegende Plädoyer will genau an der Stelle ansetzen, da gesellschaftliches Denken beginnen muss: in der Erziehung. Und es will genau über das hinausdenken, bei dem gesellschaftliches Denken nicht stehen bleiben darf: die Kultur(en).

Das mit Blick auf dieses Anliegen zustande gekommene Plädoyer ist die Frucht und Ernte von wertvollen Begegnungen und inspirierendem Austausch. Es verdankt sein Werden einer Reihe von Vorlesungs- und Vortragseinladungen und, hiermit verbunden, vertieften Auseinandersetzungen mit den Themen, die die Politik und die Gesellschaft bewegen. Diesen Auseinandersetzungen entsprangen die Vorlesungen und Vorträge, deren Argumente und Hintergründe richtungweisend in das Pladoyer eingegangen sind: die Vorlesung »Transkulturelle Kompetenzen. Wie gehe ich als Lehrperson mit kulturellen Differenzen um?« im Rahmen der Ringvorlesung »Entwicklung personaler Kompetenz im Lehramtsstudium« am 17. Januar und am 4. Juli 2011 an der Universität Tübingen, der Vortrag »Die Bäume haben Wurzeln, die Menschen gehen. Überlegungen zur sozialen Integration und Transkulturalität« am 23. Februar 2011 an der Volkshochschule der Stadt Biberach an der Riß, der Vortrag »Alternative Denkräume erschließen. Von interkultureller Kommunikation zu transkulturellem Zusammenleben« am 4. Mai 2011 im Prediger in Schwäbisch Gmünd, der Vortrag »Gut gemeint, wenig erreicht? Die Kulturalismusfalle in der interkulturellen Erziehung« auf dem Fachtag zum

Thema »Umgang mit kultureller Vielfalt im Klassenzimmer« am 18. Mai 2011 an der Anne-Frank-Realschule in Marbach am Neckar sowie der Vortrag »Was heißt kulturalisieren (und wie kann ich es vermeiden)?« auf dem Workshop zum Thema »Der (un)differenzierte Blick: Unterricht in der Kulturalisierungsfalle?« am 6. Juli 2011 an der Fasanenhofschule Stuttgart.

Für Anregungen, Einladungen und Unterstützung danke ich Privatdozent Dr. Philipp Thomas und Studienrätin Regina Keller vom Zentrum für Lehrerinnen- und Lehrerbildung der Universität Tübingen, Herrn Werner Szollar, Leiter der Volkshochschule der Stadt Biberach an der Riß, und dem Verein der Freunde der Volkshochschule Biberach e. V., Herrn Hasan Dagdelen, Geschäftsführer des Vereins Süddialog e. V., und Herrn Önder Cifci vom Verein Süddialog e. V., Frau Elke Schnaithmann vom Staatlichen Schulamt Ludwigsburg sowie Frau Heidi Wörz vom Staatlichen Schulamt Stuttgart.

Für interessante Gespräche und persönlichen Austausch danke ich Frau Professorin Dr. Karin S. Amos, Frau Professorin Dr. Svetlana Arnaudova, Frau Martha Aykut, Herrn Dr. Uwe Böhm, Herrn Professor Dr. Walter Gebhard, Frau Dott.ssa Anna Picardi, Herrn Seminarschuldirektor Karl-Anton Schuster, Frau Seminarschulrätin Helga Widmann, Frau Professorin Dr. Anja Wildemann, Frau Christiane Zwick, Nermin Erdoğan, Canan Günec, Mahzad Hoodgarzadeh, Murat Kaplan, Anila Kretz, Mohammed Nadym, Kerstin Parentin, Elfrun Rebstock, Cornelia Springer, Gökçen Sara Tamer-Uzun, Hakan Turan und Kemal Yıldızdağ.

Frau Marlene Streeruwitz gilt mein herzlicher Dank für den erhellenden Austausch von Erfahrungen in der ›Kontrollgruppe‹.

Frau Elisabeth Rangosch-Schneck gilt mein besonderer Dank für das von Beginn an entgegengebrachte Vertrauen, die Offenheit für Diskussion und Vorschläge sowie die stets angenehme Zusammenarbeit. Ohne die freundliche Einbindung in die von ihr koordinierte Initiative »Migranten machen Schule!«, in deren Rahmen ich die ideellen Impulse empfing, wäre diese kleine Schrift nicht entstanden.

Wien, im Dezember 2011   Arata Takeda

Einleitung

Kultur(en) zwischen Wahrnehmung und Wirklichkeit

> Idcirco scribit Euantes Persa, ubi Chaldaicam theo-
> logiam enarrat, non esse homini suam ullam et nati-
> vam imaginem, extrarias multas et adventicias. Hinc
> illud Chaldaeorum: [...] homo, variae ac multiformis
> et desultoriae naturae animal. Sed quorsum haec? ut
> intellegamus, postquam hac nati sumus conditione,
> ut id sumus, quod esse volumus [...].[1]
>
> Giovanni Pico della Mirandola, *De hominis dignitate*

Wie kulturell bedingt ist unsere Wahrnehmung von Wirklichkeit? Und wie wirklich verlässlich ist unsere Wahrnehmung von Kultur? Nehmen wir das modische und praktische Möbelstück, das als mobiler Raumteiler, als Sonnen- und Windschutz und zugleich als dekorative Stellwand dienen kann: Man nennt es Paravent, Wandschirm oder auch spanische Wand. Man könnte aufgrund dieser letzten Bezeichnung meinen, es komme aus Spanien. In Spanien nennt man es *biombo*, abgeleitet von japanisch *byōbu* (Windschirm) – denn die Spanier brachten es im 16. Jahrhundert aus Japan nach Europa mit. So heißt es etwa auch im Französischen *paravent japonais* (japanischer Wandschirm). Die Japaner haben es im 7. Jahrhundert von den Koreanern geschenkt bekommen. Die Koreaner wiederum haben es aus China eingeführt. In China nennt man es *píng fēng*. Nicht selten täuschen die geläufigen nationalen oder kulturellen Aufladungen über die historischen Sachverhalte hinweg.

---

1 »Deswegen schreibt der Perser Euantes in seinem Kommentar zur chaldäischen Theologie, der Mensch besitze keinen besonderen ihm angeborenen Typus, dagegen viele von außen kommende und vom Zufall bestimmte. Darauf bezieht sich jener Ausspruch der Chaldäer: [...] ›Mensch, du Lebewesen von bunter und vielgestaltiger und sprunghafter Art.‹ Doch wozu trage ich dies vor? Damit wir begreifen: Wir sind geboren worden unter der Bedingung, daß wir das sein sollen, was wir sein wollen« (Giovanni Pico della Mirandola: Oratio de hominis dignitate. Rede über die Würde des Menschen. Lateinisch/Deutsch. Auf der Textgrundlage der Editio prin-ceps herausgegeben und übersetzt von Gerd von der Gönna. Stuttgart: Reclam, 2009. S. 12/13).

Albert von Keller, *Chopin* (1873)
Neue Pinakothek, München

Das gilt nicht nur für Gegenstände, sondern auch für Eigenschaften. Greifen wir ein Beispiel aus der jüngeren Vergangenheit heraus. Mit Bestürzung und Mitgefühl verfolgte die ganze Welt über mehrere Wochen die erschütternden Nachrichten über die dreifache, Erdbeben-, Tsunami- und Reaktorkatastrophe in Japan seit dem 11. März 2011. Zwei Wochen nach dem Ausbruch der Katastrophe, am 25. März, entschuldigte sich Japans damaliger Ministerpräsident Naoto Kan auf einer Pressekonferenz in Tokyo für den größten anzunehmenden Unfall im Atomkraftwerk Fukushima. Christen und Muslime waren früher zusammengekommen, um gemeinsam für die Opfer der Katastrophe in Japan zu beten – am 24. März im Heilig-Kreuz-Münster in Schwäbisch Gmünd auf Initiative des türkischen Vereins Süddialog.

Das Beten überwindet die Grenzen – nicht nur die Grenzen zwischen Mensch und Gott, sondern auch die Grenzen zwischen Mensch und Mensch. Es vertraut darauf, dass die Grenzen nichts Naturgegebenes, sondern errichtete Grenzen sind. So wurden z. B. noch während der sich entwickelnden Katastrophe in Japan, mit analytischem Habitus und in sachlichem Ton, Grenzen gezeichnet und Differenzen beschworen, und zwar in guter Absicht: Man bewunderte den Gleichmut und die Disziplin der Japaner, und man bestaunte die Opferbereitschaft der inzwischen zu ›Helden‹ ernannten Mitarbeiter des Atomkraftwerkes Fukushima – als hätte man dabei vergessen, wie bedächtig die Londoner auf die Terroranschläge vom 7. Juli 2005 reagiert hatten und wie aufopferungsvoll der Einsatz der New Yorker Feuerwehrmänner am 11. September 2001 gewesen war.

Alexander Kluge bewertet in einem Interview des Nachrichtenmagazins *Focus* die Reaktionen der Japaner auf die Katastrophe sachgerecht und ohne kulturelle Überformung. Auf den tendenziösen Kommentar der Interviewerin: »[…] wir [sind] verblüfft, mit welch stoischem Gleichmut die Japaner die Katastrophe hinnehmen. Wir stellen uns vor, dass ein vergleichbares Ereignis in Europa Panik auslösen würde«, erwidert Kluge ausdrücklich:

> Ich halte das für einen Trugschluss. Als Kind habe ich die Bombardierung von Halberstadt miterlebt. Natürlich fürchteten wir uns. Dennoch verhielten sich die Erwachsenen sehr gefasst, und wir Kinder übernahmen diese Haltung. Angesichts der Katastrophe entwickeln Menschen eine bemerkenswerte Ruhe. Ich erinnere mich noch, wie ich nach dem Bombardement mit meiner Schwester an der Hand durch die brennende Stadt ohne Panik das Freibad ansteuerte, weil das Wasser dort im Becken eine Grenze zwischen uns und den Flammen zog.[2]

---

2 Alexander Kluge / Christine Eichel: »Balladen der Gegenwart«. Gespräch mit Alexander Kluge. In: Focus 12 (2011), Extra-Heft »Die japanische Tragödie«, S. 46–47, hier S. 47; verfügbar in: <http://www.focus.de/panorama/welt/tsunami-in-japan/interview-balladen-der-gegenwart-gespraech-mit-alexander-kluge_aid_610441.html>.

Angesichts einer ein für allemal eingetretenen Katastrophe finden unmittelbar Betroffene und zum Überleben Entschlossene, wer und wo auch immer, früher oder später zur Besonnenheit; das, was eine Panik auslöst und das Denken lähmt, ist vielmehr eine eventuell noch zu erfolgende Katastrophe in den Köpfen von Nichtbetroffenen. Doch in den Fernseh-Talkshows vernahm man bisweilen von einer buddhistischen und konfuzianischen Verwurzelung der japanischen Mentalität und einer Bushidō-geschulten und Kamikaze-geprüften Selbstlosigkeit der Japaner.

Das nennt man Kulturalismus. Unter Kulturalismus versteht man in den Sozialwissenschaften »die Überbetonung des Kulturellen«;[3] man darf auch eine Reflexionsstufe tiefer gehen und von der »Überbetonung des *als kulturell Angenommenen*« sprechen. Denn das, was man überzeugt im Kulturellen verortet, kann manchmal weniger eine kulturelle Manifestation als vielmehr eine kulturelle Zuschreibung darstellen. Eigenschaften wie Gleichmütigkeit, Diszipliniertheit oder Selbstlosigkeit sind keine kulturellen, sondern universelle Attribute. Natürlich gibt es Gradunterschiede – zwischen Bevölkerungen ebenso wie Berufsgruppen und sozialen Schichten. US-amerikanische Soldaten werden mit Sicherheit im Durchschnitt aufopferungsvoller sein als japanische Bankmanager. Der Historiker und Japan-Kenner Sebastian Conrad antwortet in einem Interview der *Süddeutschen Zeitung* vom 16. März 2011 auf die Frage nach religiösen – d. h. hier auch: kulturellen – Gründen für den heldenhaften Einsatz der Japaner am havarierten Atomkraftwerk Fukushima mit souveränem Sachverstand:

> Der religiöse Faktor spielt in Japan kaum eine Rolle. Das sind eher soziale Normen. Aber Japan ist seit den neunziger Jahren eine hochindividualisierte Gesellschaft. Die Japaner des 21. Jahrhunderts sind ihren Altersgenossen in Europa normativ ähnlicher als etwa den Japanern von vor einhundert Jahren.[4]

---

3   Hans-Jürgen Lüsebrink: Interkulturelle Kommunikation. Interaktion, Fremdwahrnehmung, Kulturtransfer. 2., aktualisierte und erweiterte Auflage. Stuttgart/Weimar: Metzler, 2008. S. 31.

4   Sebastian Conrad / Andrian Kreye: Kamikaze: Historische Ausnahme. Sollen sich einzelne für andere opfern? In Fukushima-1 passiert das gerade. Historiker Conrad über Kamikaze als Symbol für Japans Gesellschaft. In: Süddeutsche Zeitung, 16. 3. 2011; verfügbar in: <http://www.sueddeutsche.de/kultur/einsatz-am-akw-interview-kamikaze-waren-die-historische-ausnahme-1.1073096>.

Wollen wir uns trotzdem in den vielen wichtigen Fragen, die die Politik und die Gesellschaft bewegen, zuvörderst am Erklärungsmuster ›Kultur‹ orientieren?

Spätestens seit dem Erscheinen des umstrittenen Buches *Deutschland schafft sich ab* (2010) von Thilo Sarrazin erleben wir ein massives Wiederaufleben der Integrationsdebatte, und zwar im guten wie im schlechten Sinne. Es ist gut, dass die bestehenden Probleme der sozialen Integration deutlicher ausgesprochen werden, denn nur so kann effektiv und gezielt an ihren Lösungen gearbeitet werden. Aber es ist schlecht, dass die Probleme wie selbstverständlich auf das Differenzmerkmal ›Kultur‹ zurückgeführt werden und die Gesellschaft dadurch zwangsläufig in eine Spaltung zwischen einer integrierenden kulturellen Mehrheit und sich integrierenden kulturellen Minderheiten gerät. Tendenziöse Reden auf Parteitagen wie polarisierende Talkshows im Fernsehen führen uns deutlich vor Augen, wie die politische und mediale Wahrnehmung einerseits und die soziale und kulturelle Wirklichkeit andererseits immer weiter auseinanderdriften: ›Multikulti‹ wird für gescheitert erklärt und totgesagt, obwohl es unleugbar da ist und sichtbare Fortschritte macht. Der Ethnologe Hermann Bausinger befand 1987:

> Ihrer Zusammensetzung nach ist die Bundesrepublik eine multikulturelle Gesellschaft. In ihrem Selbstverständnis und in der praktischen Kommunikation ist sie es nicht. Man braucht nur auf die Haltung der Rechtsinstanzen, der Bürokratie, aber auch der Massenmedien zu verweisen, um naiv-optimistische Erwartungen in dieser Hinsicht zu widerlegen: Der Anteil von Fernsehsendungen in der Sprache der Arbeitsimmigranten erreicht bei weitem nicht deren Prozentanteil an der deutschen Bevölkerung, von einem Minderheitenschutz ganz zu schweigen.[5]

Aus heutiger Sicht lassen sich an diesem Zitat nicht nur die »Asymmetrien zwischen soziokulturellen Realitäten und ihrer medialen Wahrnehmung«,[6] sondern auch die Fortschritte in den Bemühungen um den Ausgleich dieser Asymmetrien ermessen. Die Schwarzseher der Integration werfen uns um Jahrzehnte zurück. Wie können wir die gefühl-

---

5 Hermann Bausinger: Kultur kontrastiv. Exotismus und interkulturelle Kommunikation. In: Armin Wolff / Wolfgang Rug (Hgg.): Vermittlung fremder Kultur. Theorie – Didaktik – Praxis. Regensburg: Fachverband Deutsch als Fremdsprache, 1987. S. 1–16, hier S. 13.
6 Lüsebrink 2008, S. 120.

te Schieflage zurechtrücken und positiv in eine gemeinsame Zukunft blicken? Der Schlüssel zur Zukunft liegt in der Erziehung, und die Erziehung braucht zukunftsfähige Konzepte.

Wenn wir hören, wie gegenwärtig in Politik und Medien über Kulturen geredet wird, so bekommen wir nicht selten den Eindruck, Kulturen seien in erster Linie etwas, was die Menschen charakterisiert – unabänderlich und zwangsläufig wie Gene oder DNA. Dabei vergessen wir, dass Kulturen viel eher etwas sind, was die Menschen hervorbringen – und das kann weder unabänderlich noch zwangsläufig sein. Woher kommt diese Abweichung zwischen vermittelter Wahrnehmung und empfundener Wirklichkeit? Beginnen wir mit der Erläuterung eines Beispiels, das uns einen bildhaften Einstieg in die Problematik ermöglicht.

Ein Fall von interkultureller Kommunikation

Auf dem Buchcover eines 2006 erschienenen Sammelbandes mit der Überschrift *Die subtile Sprache der Kultur. Interkulturelle Kommunikation im Bereich deutsch-japanischer Firmenkooperationen* ist eine Illustration zu sehen, die vor dem Aufschlagen des Buches zu einer raschen Interpretation einlädt.[7] Die Illustration stellt eine Begrüßungsszene dar: Zwei Geschäftsmänner, mit unterschiedlichen Haarfarben und Gesichtszügen, stehen einander gegenüber und begrüßen einander. Aus der Überschrift, mit der die Illustration korreliert, schließen wir auf eine Begegnung zwischen einem deutschen und einem japanischen Geschäftsmann. Ob dabei gesprochene Worte ausgetauscht werden, lässt sich nicht mit Sicherheit feststellen. Die Illustration lenkt die Aufmerksamkeit auf die nonverbalen Begrüßungsakte, die die beiden Geschäftsmänner vollziehen: Der Deutsche hält die Hände vor der Brust aneinandergelegt und macht eine leichte Verbeugung, während der Japaner, direkt in die Augen seines Gegenübers schauend, eine Hand zum Schütteln ausstreckt.

Dargestellt wird hier also ein Fall von nonverbaler Kommunikation. Die Illustration besitzt aber auch, im Zusammenspiel mit der Überschrift, eine symbolische Dimension. Sie soll nicht nur einen Fall von

---

7 Vgl. Klaus Antoni / Elisabeth Scherer (Hgg.): Die subtile Sprache der Kultur. Interkulturelle Kommunikation im Bereich deutsch-japanischer Firmenkooperationen. Berlin/Münster: LIT Verlag, 2006.

Umschlagabbildung von: Klaus Antoni und Elisabeth Scherer (Hgg.),
Die subtile Sprache der Kultur. Interkulturelle Kommunikation im
Bereich deutsch-japanischer Firmenkooperationen

interpersonaler Kommunikation, sondern auch einen Fall von interkultureller Kommunikation, also nicht nur eine Interaktion zwischen Personen, sondern auch eine Interaktion zwischen Kulturen darstellen. Die beiden Geschäftsmänner figurieren jeweils als Repräsentant der eigenen Kultur, mit jeweils unterschiedlichen Kulturstandards, und treten so in Kommunikation miteinander. Der Psychologe Alexander Thomas versteht unter dem Begriff »Kulturstandards« »Werte, Normen, Regeln und Einstellungen in einer Kultur, die sich gerade im zwischenmenschlichen Bereich umfassend auf Wahrnehmung, Denken, Urteilen und Handeln ihrer Mitglieder auswirken«, d. h. »die spezifischen Spielregeln des gesellschaftlichen Lebens in einer Kultur«.[8]

Eine Kommunikation kann entweder erfolgreich oder nicht erfolgreich sein, entweder glücken oder nicht glücken, entweder funktionieren oder nicht funktionieren. Im erfolgreichen Fall kann aus der Situation von interkultureller Kommunikation etwas Drittes entstehen: Der Kommunikationswissenschaftler Bernd Müller-Jacquier belegt dies mit dem Begriff »Inter-Kultur« und definiert ihn als »das, was als spezifisch für die von Co-SprecherInnen aus verschiedenen Kulturen hergestellte Inter-Si-

---

8   Richard Markowsky / Alexander Thomas: Studienhalber in Deutschland. Interkulturelles Orientierungstraining für amerikanische Studenten, Schüler und Praktikanten. Heidelberg: Asanger, 1995. S. 7.

tuation angeführt werden kann«.[9] Was geschieht in der soeben beschriebenen Illustration? Kommt es zwischen den Geschäftsmännern zur Herstellung einer Interkultur?

Wenn wir beim Betrachten der Illustration annehmen, dass hier eine missglückte interkulturelle Kommunikation dargestellt wird: Warum tun wir es? Wie begründen wir unsere Annahme, und wie erklären wir diese Szene, oder konkreter gefragt: Was vermuten wir im Vorfeld dieser Szene? Wie ist es überhaupt zu dieser kommunikativen Schieflage gekommen? Die Gestik und die Körperhaltung der beiden lassen vermuten, dass die beiden mehr oder weniger auf die Begegnung vorbereitet waren. Vielleicht haben sie jeweils ein interkulturelles Training absolviert und haben gelernt, wie unterschiedlich die unterschiedlichen Völker der Welt einander begrüßen, dass man in Situationen von interkultureller Kommunikation kulturelle Differenzen beachten und solche Situationen aus der Perspektive der Mitglieder der anderen Kultur betrachten solle.[10] Und nun versuchen sie, mit gutem Willen und allem Respekt vor der Kultur ihres jeweiligen Gegenübers, das Gelernte in die Praxis umzusetzen – damit würden sie, so ihre Überlegung, ihre interkulturelle Kompetenz unter Beweis stellen –, und merken: Es funktioniert trotzdem nicht. Denn das Gegenüber hat seinerseits das Gleiche im Sinne.

Wir dürfen daraus folgern: Die Illustration will in ihrer karikaturesken Überzeichnung auf die Gefahr hinweisen, dass ein allzu lehrbuchmäßiges und wenig situationsflexibles Vorbereiten für die interkulturelle Kommunikation kontraproduktiv sein kann. Man perfektioniert auf beiden Seiten das eigene Wissen über den Anderen, und kommuniziert nichtsdestoweniger aneinander vorbei. Da muss irgendetwas, entweder mit der Konzeption oder der Umsetzung des Training, nicht gestimmt haben.

---

9   Bernd Müller-Jacquier: Interkulturelle Kommunikation und Fremdsprachendidaktik. Koblenz: Universität Koblenz-Landau, 1999. S. 180. Der Begriff »Interkultur« – hier ohne Bindestrich und zusammengeschrieben – wurde neuerdings von Mark Terkessidis aufgegriffen und entgegen dem Begriff »Integration« zum »Programm einer Politik« erklärt, die im Sinne von interkultureller Öffnung von Institutionen »Barrierefreiheit herstellen will« (Mark Terkessidis: Interkultur. Frankfurt a. M.: Suhrkamp, 2010. S. 130).
10 Vgl. dazu den Abschnitt »Die interkulturelle Trainingspraxis« in Hans Jürgen Heringer: Interkulturelle Kommunikation. Grundlagen und Konzepte. 2., durchgesehene Auflage. Tübingen/Basel: Francke, 2007. S. 222–225 sowie den Abschnitt »Interkulturelle Trainingsformen und -methoden« in Lüsebrink 2008, S. 75–82.

Doch damit ist noch nicht alles gesagt, was sich über die Illustration sagen lässt. Wenn wir uns – mit etwas Weltwissen und Scharfsinn – die Gestik und die Körperhaltung der beiden Geschäftsmänner genauer ansehen, so kann uns auf den zweiten Blick etwas Sonderbares auffallen. Inder und Thais grüßen mit auf Brust- oder Gesichtshöhe aneinandergelegten Handflächen, nicht Japaner; aber der deutsche Geschäftsmann scheint hiervon auszugehen. Deutsche reichen normalerweise die rechte Hand zum Schütteln, aber der japanische Geschäftsmann streckt die linke Hand aus.

Die Illustration erhält dadurch einen Tiefensinn. Wir wollen nicht darüber spekulieren, ob dies von der Graphikerin intendiert war. Es wäre umso interessanter, wenn sie unbewusst dem doppelten Irrtum verfallen wäre. Beide Geschäftsmänner grüßen – im Sinne der standardisierten Lehrbuchbeispiele – nicht ›richtig‹. Vielleicht waren sie also doch nicht vorbereitet? Vielleicht tun sie eben das, von dem sie meinen, dass es in der Kultur ihres jeweiligen Gegenübers eine Standardbegrüßung sei, und scheitern dabei, weil ihre Annahme entweder falsch induziert (Inder und Thais grüßen so, also grüßen alle Asiaten so) oder aber falsch deduziert ist (es heißt Händeschütteln, also kann es egal sein, mit welcher Hand). Das zeugt nicht gerade von interkultureller Kompetenz.

Ausgangsfragen und Erörterungspunkte

Der Begriff »interkulturelle Kompetenz« taucht in jüngerer Zeit vielerorts als *das* Schlagwort auf, das die zentralen Anforderungen für soziale Integration wie Abbau von Vorurteilen, Kommunikationsbereitschaft mit und Offenheit gegenüber dem Anderen in sich vereint. Nach der Erklärung des Bundes zum Nationalen Integrationsplan, der auf dem zweiten Integrationsgipfel am 12. Juli 2007 von Bundeskanzlerin Angela Merkel vorgestellt wurde, ist erfolgreiche Integrationspolitik Querschnittsaufgabe auf allen Ebenen. Hieraus wird gerne die gesellschaftspolitische Konsequenz abgeleitet, dass in jeder sozialen Interaktion interkulturell kompetentes Handeln gefragt sei. Das gilt im Allgemeinen für alle Lebensbereiche und im Besonderen, mit Blick auf die Zukunft unserer Gesellschaft, für die schulische Erziehung. Doch was heißt interkulturell kompetent handeln, interkulturell kompetent erziehen?

Vergegenwärtigen wir uns zunächst, wie es um das Einwanderungsland Deutschland bestellt ist. Laut Statistischem Bundesamt wuchs in der Bundesrepublik Deutschland in den Jahren zwischen 2007 und 2009 die Zahl der Personen mit Migrationshintergrund um ca. 150 000 pro Jahr, von 2009 auf 2010 um weitere über 40 000, und dies bei einem Bevölkerungsrückgang insgesamt.[11] Vor diesem Hintergrund darf die Frage nach interkultureller Kompetenz aus der Sicht der Lehrerinnen und Lehrer konkreter formuliert werden: Wie gehe ich als Lehrperson mit kulturellen Differenzen um? Denn diese gibt es, so legen uns die demographischen Daten nahe, zuhauf unter Schülerinnen und Schülern in diesem Lande, mit steigernder Tendenz. Und sie bergen Konfliktpotentiale ebenso wie Chancen zur Bereicherung in sich. Also werden wir gut daran tun, einmal mehr darüber nachzudenken, wie Lehrerinnen und Lehrer berufsgerecht mit kulturellen Differenzen umgehen sollen. An dieser Stelle mag bei den Leserinnen und Lesern die Frage aufkommen: Warum beginnen wir mit einem Beispiel aus dem Bereich der internationalen Wirtschaftskooperation? Was haben die Anforderungen des internationalen Wirtschaftswesens mit denen des Lehrerberufes zu tun?

Das sind berechtigte und auch wichtige Fragen. Genau mit diesen Fragen werden Lehrerinnen und Lehrer sich konfrontiert sehen, wenn sie sich auf die Suche nach einschlägiger Literatur zum Thema »interkulturelle Kompetenz« machen. Sie werden eine ganze Menge Material und Literatur finden, insbesondere aus dem Bereich der interkulturellen Kommunikation – eines inzwischen gut etablierten Wissensgebietes, auf das gleich näher einzugehen sein wird. Dabei werden sich schon allein aus pragmatischen Gründen folgende Fragen stellen: Wie gezielt sind die Lehrerinnen und Lehrer und die konkreten Situationen, die sich alltäglich in der Schule abspielen, von den Ansätzen und Konzepten dieses Wissensgebietes angesprochen? Werden die Ansätze und Konzepte der

---

11 Vgl. Statistisches Bundesamt: Fachserie 1: Bevölkerung und Erwerbstätigkeit. Reihe 2.2: Bevölkerung mit Migrationshintergrund. Ergebnisse des Mikrozensus 2007. Wiesbaden: Statistisches Bundesamt, 2009c. S. 32; Statistisches Bundesamt: Fachserie 1: Bevölkerung und Erwerbstätigkeit. Reihe 2.2: Bevölkerung mit Migrationshintergrund. Ergebnisse des Mikrozensus 2008. Wiesbaden: Statistisches Bundesamt, 2010a. S. 32; Statistisches Bundesamt: Fachserie 1: Bevölkerung und Erwerbstätigkeit. Reihe 2.2: Bevölkerung mit Migrationshintergrund. Ergebnisse des Mikrozensus 2009. Wiesbaden: Statistisches Bundesamt, 2010b. S. 32; Statistisches Bundesamt: Fachserie 1: Bevölkerung und Erwerbstätigkeit. Reihe 2.2: Bevölkerung mit Migrationshintergrund. Ergebnisse des Mikrozensus 2010. Wiesbaden: Statistisches Bundesamt, 2011b. S. 32.

Interkulturellen Kommunikation den spezifischen Herausforderungen, die sich den Lehrerinnen und Lehrern angesichts der kulturellen Vielfalt im Klassenzimmer stellen, gerecht?

Das vorliegende Plädoyer will, ausgehend von der ›überwölbenden‹ Frage nach pädagogisch angemessenem Umgang mit kulturellen Differenzen, über fünf gedanklich aufeinander folgende Schritte zu einer zukunftweisenden Antwort gelangen. Der erste Schritt betrifft, wie soeben benannt, die

(1) Interkulturelle Kommunikation: Orientierung für Lehrerberuf? Auf dieses Wissensgebiet stoßen Lehrerinnen und Lehrer beim Erkunden des Wissens um interkulturelle Kompetenz unweigerlich. Wir wollen überprüfen, ob überhaupt, und wenn ja, wie viel das Wissensgebiet dem spezifischen Interesse der Lehrerinnen und Lehrer dient und in welchem Maße dessen Ansätze und Konzepte spezifisch auf die schulische Erziehung in der Einwanderungsgesellschaft anwendbar sind. Der zweite Schritt führt über die

(2) Erkenntnisse und Theoriebildung in Literatur- und Kulturwissenschaften. Konkrete Beispiele aus den Bereichen der Sprache und Kultur für die Probleme der Differenzwahrnehmung, des Fremdverstehens und der Identitätsbildung können uns zeigen, welche alternativen Denkwege uns zur Verfügung stehen, um uns den Herausforderungen weniger der interkulturellen Kommunikation als vielmehr der Einwanderungsgesellschaft zu stellen. Zu diesem Zweck sollen einige Begriffe und Konzepte, die in den Literatur- und Kulturwissenschaften zum kritischen Verständnis von Identität und Alterität, von Eigenem und Fremdem, verwendet werden, erläuternd vorgestellt werden. Beim interkulturellen Verstehen – und das meint einen anderen Vorgang als das interkulturelle Kommunizieren – kommt es maßgeblich darauf an, wie aufrichtig wir das Eigene im Fremden erkennen und das Fremde im Eigenen annehmen. Den dritten Schritt bildet die Erörterung des Konzeptes der

(3) Transkulturalität: Was sie besagt, was sie verheißt. Beantwortet werden sollen vor allem folgende Fragen: Was hat es mit dem Konzept der Transkulturalität auf sich? Warum ist, angesichts der Verfasstheit der Gesellschaft, in der wir heute leben, diesem Konzept gegenüber den anderen populären Konzepten wie Interkulturalität oder Multikulturalität Vorzug zu geben? Und wie kann, im Lichte des Vorzuges dieses Konzeptes vor den anderen, interkulturell kompetentes Handeln neu gedacht werden? Diese letzte Frage mündet in den vierten Schritt, der über die

kritische Beleuchtung von gegenwärtig vorhandenen Konzepten und Me-
thoden zu zukunftsfähigeren Ansätzen und Konzepten gelangen will:

(4) Diversity, Intersektionalität, transkulturelle Kompetenz. Diese Ansätze und Konzepte können als Alternativen zu denen der Interkulturellen Kommunikation sowie der Kultur- und Integrationspolitik im
Deutschland der letzten Jahrzehnte verstanden werden. Sie vermögen in
der schulischen Erziehung neue Akzente zu setzen und werden im Hinblick auf ihre innovativen Potentiale einzeln zu erläutern sein. Der fünf-
te Schritt wird die Bilanz aus den vorangegangenen Überlegungen ziehen
und auf deren Basis ein paar praktische

(5) Vorschläge zur Förderung von transkultureller Kompetenz in der
schulischen Erziehung unterbreiten. Die Vorschläge verstehen sich nicht
mehr, aber auch nicht weniger, denn als erste Impulse, die als solche er-
gänzt, erweitert und verbessert werden müssen, aber auch sich in der
Hoffnung wiegen, Diskussionen über ihre konkrete Umsetzung in den
Lehrplänen anzuregen.

Der Schluss des Plädoyers will für den Anfang eines gesellschaftlichen Prozesses des Umdenkens und des Erneuerns Signale setzen. Die
Signale werden aus weiterführenden Überlegungen bestehen, die sich aus
dem Credo wie aus der Prognose ergeben: Die Erziehung der Zukunft
wird sich nicht interkulturell, sondern transkulturell entwickeln.

Erstes Kapitel

Interkulturelle Kommunikation:
Orientierung für Lehrerberuf?

> Non parce que Socrates l'a dict, mais parce qu'en
> verité c'est mon humeur, et à l'adventure non sans
> quelque excez, i'estime touts les hommes mes com-
> patriotes; et embrasse un Polonois comme un Fran-
> çois, postposant cette liaison nationale à l'universelle
> et commune. [...] Nature nous a mis au monde li-
> bres et desliez; nous nous emprisonnons en certains
> destroicts [...].[12]

Michel de Montaigne, *Essais*

Das Wissensgebiet »Interkulturelle Kommunikation« gilt seit einiger Zeit
international als »wissenschaftliche Fachdisziplin«[13] – es wird anderen-
orts auch als »wissenschaftliche Teildisziplin«, »Problemfeld der Lebens-
und Alltagswelt«, »interdisziplinäre Ausrichtung«, »interdisziplinärer
Problembereich«[14] oder aber als »methodische Orientierung in verschiedenen geisteswissenschaftlichen Fachdisziplinen«[15] definiert – und wird
derzeit in Deutschland an fünfzehn Universitäten und Hochschulen als
Bachelor und Masterstudiengang angeboten. Aus der großen Fülle von
Literatur können an dieser Stelle stellvertretend zwei Titel herausgegrif-

---

12 »Jeder Mensch gilt mir als Landsmann; nicht weil Sokrates es gesagt hat, sondern
    weil ich, vielleicht sogar etwas übertrieben, es so empfinde, und ich umarme einen
    Polen wie einen Franzosen, weil für mich die nationale Bindung hinter der allge-
    mein menschlichen zurücktritt. [...] Die Natur hat uns frei und beweglich in die
    Welt gesetzt; wir sperren uns selbst in bestimmte Beschränkungen ein« (Michel de
    Montaigne: Essais. Ausgewählt, übertragen und eingeleitet von Arthur Franz. Stutt-
    gart: Reclam, 2008. S. 332; Michel de Montaigne: Essais de Michel de Montaigne
    précédé d'une lettre à M. Villemain sur l'éloge de Montaigne par P. Christian. Paris:
    L. Hachette et Cie, 1860. S. 618).
13 Lüsebrink 2008, S. 3.
14 Lüsebrink 2008, S. 1; 3; 5; 171; 178.
15 Hans-Jürgen Lüsebrink (Hg.): Konzepte der Interkulturellen Kommunikation. Theo-
    rieansätze und Praxisbezüge in interdisziplinärer Perspektive. St. Ingbert: Röhrig
    Universitätsverlag, 2004. S. 7.

fen werden, die zu den populärsten Lehrbüchern des Wissensgebietes gehören: *Interkulturelle Kommunikation. Grundlagen und Konzepte* (2004) vom Sprachwissenschaftler Hans Jürgen Heringer und *Interkulturelle Kommunikation. Interaktion, Fremdwahrnehmung, Kulturtransfer* (2005) vom Romanisten und Kulturwissenschaftler Hans-Jürgen Lüsebrink.

Beide Autoren setzen, aufgrund ihrer unterschiedlichen Forschungsprofile, jeweils unterschiedliche Akzente. Das erstere Buch geht eher sprachwissenschaftlich und kommunikationswissenschaftlich, das letztere eher kulturwissenschaftlich und kulturgeschichtlich an den Gegenstand heran. Insgesamt ist das Buch von Heringer eher an der Praxis orientiert, das Buch von Lüsebrink eher theoretisch interessiert. Aber im Grunde decken sie sich in vielen Kernbereichen miteinander – die Unterschiede liegen weniger in der Behandlung als vielmehr in der Gewichtung –, und das ein Jahr später publizierte Buch von Lüsebrink bezieht sich auch stellenweise auf das Buch von Heringer.

Was einem dabei auffällt, ist: Die Geschichte des Wissensgebietes – wie es entstanden ist, unter welchen Umständen – findet in beiden Büchern wenig bis kaum Erwähnung. Heringer geht lediglich auf die Entstehungsgeschichte des interkulturellen Training ein,[16] und Lüsebrink liefert nur einige Eckdaten zur Entstehung der »Fachdisziplin« in den 1960er Jahren in den USA und Kanada.[17] Wie wichtig es ist, das Wissensgebiet »Interkulturelle Kommunikation« von seinem Entstehungszusammenhang her zu verstehen, um seine Umsetzungsmöglichkeiten in der schulischen Erziehung nachzuprüfen – auf diesen Punkt wird später zurückzukommen sein.

Zunächst nehmen wir die Bücher etwas näher in Augenschein. Das Buch von Heringer gehört zu den beliebtesten Einführungen ins Thema und erscheint mittlerweile in der dritten Auflage. Das will bei wissenschaftlichen Lehrbüchern etwas heißen. Das knapp 240-seitige Buch enthält fünfundzwanzig sehr anschauliche, durchaus lehrreiche und zum Teil recht amüsante Beispiele von interkulturellen Situationen, in denen es aufgrund von Missverständnissen zu Verwirrungen und Konflikten kommt. Drei Beispiele davon werden auch bei Lüsebrink zitiert, zwei

---

16 Vgl. Heringer, S. 222.
17 Vgl. Lüsebrink 2008, S. 3–6; 171.

davon sogar wörtlich übernommen und vollständig wiedergegeben.[18] Und man wundert sich: Unter ihnen findet sich kein einziges Beispiel aus dem Bereich der schulischen Erziehung, und es kommen nur ganze zwei Beispiele zum Thema »Migration« vor. Auf eines dieser Beispiele wird, aufgrund seiner exemplarischen Tendenz zum Kulturalismus, an späterer Stelle ausführlich einzugehen sein.

Welchen Bereichen entstammen die Beispiele, die bei Heringer zur Veranschaulichung von interkulturellen Problemsituationen angeführt werden? Hier stehen wir genau wieder vor jenen Fragen, die wir uns in der Einleitung gestellt haben. Die meisten Akteure, die in den Beispielen auftreten, sind Geschäftsleute: Geschäftsleute auf internationalen Geschäftsreisen, Geschäftsleute am Telefon, Geschäftsleute in Verhandlungen mit ausländischen Geschäftspartnern etc. Hinzu kommen noch Politiker in internationalen Verhandlungen, Touristen, Soldaten im Auslandseinsatz, Gastwissenschaftler, Praktikanten und Austauschstudenten im Ausland. Die Schauplätze reichen von einem sambischen Dorf über einen Busbahnhof in Istanbul und ein dänisches Möbelgeschäft bis hin zu einem Esszimmer einer Familie in Indonesien.[19] Aber es kommt keine Schule vor; Lehrer und Schüler bleiben aus dem Spiel. Und dies, obwohl der Werbetext auf dem Rückendeckel des Buches ausdrücklich auf den Bereich der schulischen Erziehung Bezug nimmt. Dort steht zu lesen: »Interkulturelle Kompetenz gehört [...] zu den Grundfertigkeiten und Schlüsselqualifikationen in der Wirtschaft, in internationalen Beziehungen, im *schulischen Alltag*«.[20]

An dieser Stelle drängt sich die Frage auf: Was nützen eigentlich den Lehrerinnen und Lehrern die Beispiele hautsächlich von Geschäftsleuten – Beispiele, die kaum auf ihren spezifischen Bedarf an Information und Orientierung in Fragen der interkulturellen Kompetenz im Lehrerberuf zugeschnitten sind? Das Buch ist überaus reich an wichtiger und nützlicher Information; dies steht für Geschäftsleute wie Auslandsreisende außer Frage. Aber was hilft es den Lehrerinnen und Lehrern, etwa zu

---

18 Vgl. die Episode über die Redeunterbrechung im deutsch-spanischen Vergleich (vgl. Heringer, S. 57; Lüsebrink 2008, S. 52), die Episode über das Treffen des japanischen Premierminister Eisaku Satō mit dem US-amerikanischen Präsidenten Richard Nixon (vgl. Heringer, S. 68; Lüsebrink 2008, S. 50) sowie die Episode über die pakistanische Bedienung in einem Restaurant am Flughafen Heathrow (vgl. Heringer, S. 95; Lüsebrink 2008, S. 55).

19 Vgl. Heringer, S. 32; 86; 95; 226.

20 Vgl. Heringer, Rückendeckel; Hervorhebung von mir, A. T.

wissen, dass in den USA nach einer privaten Einladung im Allgemeinen ein kurzer schriftlicher Dank an die Gastgeberin erwartet wird, dass »Geschenke [...] bei Geschäften mit Japanern obligatorisch« sind und dabei »landestypische Produkte und Whisky« besonders gut ankommen, oder dass man im Nahen Osten »nicht über Haustiere, besonders nicht über Hunde« sprechen sollte?[21] Sind dies etwa die Situationen, für die die Lehrerinnen und Lehrer, im Umgang mit kultureller Vielfalt im Klassenzimmer, nach Lösungen suchen?

Es finden sich in Heringers Buch hin und wieder pauschale Beschreibungen von kulturellen Denkstrukturen, auch wenn die Beschreibungen ihrerseits auf anderweitige Quellen verweisen. Da stehen Sätze zu lesen wie: »Westliche Kulturen stellen [...] das Wichtige an den Anfang, asiatische Kulturen bauen ihre Rede so auf, dass das Wichtige später kommt«;[22] oder: »Ostasiatischen Kulturen spricht man einen hohen Grad an Indirektheit zu. [...] Das Gesicht zu wahren ist ein allgegenwärtiger Imperativ der Kommunikation. [...] Westlichen Kulturen spricht man einen hohen Grad an Direktheit zu. Individualismus und Wahrhaftigkeit gelten als wichtige Werte der Kommunikation«.[23] Dabei muss das Buch mit sich selbst in Widerspruch geraten, wenn es von der allgemeinen Ebene hinabsteigt und einzelne Beispiele in differenzierter Weise präsentiert. Der Spruch eines japanischen Premierministers: »Ich kümmere mich darum, so gut ich kann«, sei »nur eine höfliche Form, das Thema zu beenden«;[24] im britischen Englisch könne, so steht es an anderer Stelle, »ein ›Hm, that's an interesting idea‹ oft eine Ablehnung einer Idee darstellen«.[25] Zwei sprachlich codierte Ausdrucksformen einer indirekten Zurückweisung: Sie erscheinen bei aller kulturellen Differenz strukturell ziemlich ähnlich.

Man stelle sich ein Klassenzimmer vor, in dem Schülerinnen und Schüler mit italienischem, türkischem, russischem und chinesischem Migrationshintergrund anzutreffen sind. Sollten die Lehrerinnen und Lehrer beim Kommunizieren mit diesen Schülerinnen und Schülern ihre Haltung und Deutung nach den eben zitierten allgemeinen kulturellen

---

21 Vgl. Heringer, S. 168; 169; 171.
22 Heringer, S. 24. Heringer verweist seinerseits auf Ron Scollon / Suzanne Wong Scollon: Intercultural Communication. A Discourse Approach. Oxford: Blackwell, 1995. S. 2.
23 Heringer, S. 25.
24 Heringer, S. 68.
25 Heringer, S. 170.

Denkstrukturen ausrichten, und würden sie damit die Schülerinnen und Schüler besser verstehen? Abgesehen davon, dass sie zuvor über die diffizilen Fragen entscheiden müssen: Ist türkisch westlich oder asiatisch, ist russisch westlich oder asiatisch? Anders gefragt: Sollten wir nicht berücksichtigen, dass Menschen mit Migrationshintergrund kulturell überhaupt nicht gleichzusetzen sind mit Menschen in ihren jeweiligen Herkunftsländern? Vielleicht sind die Schülerinnen und Schüler in Deutschland geboren und aufgewachsen, vielleicht auch schon ihre Eltern, vielleicht auch sogar ihre Großeltern; vielleicht haben Angehörige ihrer Familien seit drei Generationen einen langwierigen Prozess von mühsamer sozialer Integration durchgemacht, indem sie einige Traditionen aufgegeben, einige wiederum beibehalten haben, aber in jedem Fall entschieden zu Bürgerinnen und Bürgern dieses Landes geworden sind – und wir sollen die Schülerinnen und Schüler, entsprechend der Herkunft ihrer Eltern oder ihrer Großeltern, vom Wesen her nach wie vor als Italiener, Türken, Russen und Chinesen betrachten? Kann das gut gehen?

Die Frage kann noch grundlegender gestellt werden: Soll interkulturelle Kompetenz in der Hauptsache in dieser Art von schematischer – d. h. hier: kulturalistischer – Differenzfähigkeit zur Geltung kommen? Der Erziehungswissenschaftler Georg Auernheimer bemerkt 2002:

> Versucht man sich einen Überblick über die Diskussion zum Thema interkulturelle Kompetenz zu verschaffen, was inzwischen nicht mehr leicht fällt, so ist eine Tendenz zur Kulturalisierung unverkennbar. Außerdem gewinnt man den Eindruck, dass eine technologische Denkweise vorherrscht, dass Kommunikationsprobleme nach dem Muster instrumenteller Rationalität bewältigt werden sollen. […] Damit ist ein kognitivistischer Zugang verbunden, nämlich das Vertrauen in die Macht des Wissens, hier des Wissens über fremde Kulturen. Ein solches Verständnis von interkultureller Kompetenz ist mit pädagogischer Professionalität unverträglich.[26]

Der Erziehungswissenschaftler Paul Mecheril schlägt in diesem Zusammenhang vor, den Begriff »interkulturelle Kompetenz« »in einer Weise zu benutzen, die die technologische Verwertungstendenz kritisch anzeigt«,

---

26 Georg Auernheimer: Interkulturelle Kommunikation, mehrdimensional betrachtet, mit Konsequenzen für das Verständnis von interkultureller Kompetenz. In: Georg Auernheimer (Hg.): Interkulturelle Kompetenz und pädagogische Professionalität. 2., aktualisierte und erweiterte Auflage. Wiesbaden: VS Verlag für Sozialwissenschaften, 2008. S. 35–65, hier S. 35.

und spricht – mit spöttischem Unterton, wie er selbst eingesteht – von »Kompetenzlosigkeitskompetenz«.[27] Klingt das nicht wie ›professionalisierte Unprofessionalität‹?

Menschen mit Migrationshintergrund: Brauchen wir den Begriff?

Mit diesen evidenten Widersprüchen kommt zugleich ein Problem zur Sprache, das der ominöse Ausdruck »Menschen mit Migrationshintergrund« mit sich bringt. Es wurde vorhin auf die Zahlen des Statistischen Bundesamtes verwiesen. Wenn wir anhand der uns vorliegenden Daten die Zahlen der Bevölkerung, der Personen mit Migrationshintergrund, der ausländischen Bevölkerung und der Einbürgerungen in Deutschland von 2007 bis 2010 tabellarisch aufstellen, so können wir eine differenzierte Übersicht über die demographische Entwicklung der jüngeren Jahre gewinnen.[28] Die Zahl der Personen mit Migrationshintergrund weist demnach einen kontinuierlichen, wenn auch nicht gleichmäßigen, Zuwachs auf, während in demselben Zeitraum die Zahl der gesamten Bevölkerung in deutlichen Schritten zurückgeht. Die Zahlen der ausländischen Bevölkerung und der Einbürgerungen nehmen zwar nach einem insgesamt rückläufigen Trend bis 2009[29] im Jahre 2010 wieder leicht zu, aber innerhalb der Bevölkerung mit Migrationshintergrund – das zeigt ein detaillierter Blick in die Ergebnisse des Mikrozensus 2010 – nimmt die Zahl der Ausländerinnen und Ausländer im Gegensatz zu den Deutschen ab,[30] und die von 2009 auf 2010 am stärks-

27 Paul Mecheril: »Kompetenzlosigkeitskompetenz«. Pädagogisches Handeln unter Einwanderungsbedingungen. In: Georg Auernheimer (Hg.), S.15–34, hier S. 25.
28 Vgl. Statistisches Bundesamt 2009c, S. 32; Statistisches Bundesamt 2010a, S. 32; Statistisches Bundesamt 2010b, S. 32; Statistisches Bundesamt: Fachserie 1: Bevölkerung und Erwerbstätigkeit. Reihe 2.1: Einbürgerungen. Wiesbaden: Statistisches Bundesamt, 2011a. S. 17; Statistisches Bundesamt 2011b, S. 32.
29 2003, 2004, 2005, 2006 betrug die Zahl der ausländischen Bevölkerung nach dem Ausländerzentralregister jeweils 7 334 765, 6 717 115, 6 755 811, 6 751 002 und die Zahl der Einbürgerungen nach der Einbürgerungsstatistik jeweils 140 731, 127 153, 117 241, 124 566 (vgl. Statistisches Bundesamt 2011a, S. 16).
30 Von 2009 auf 2010 wächst die Zahl der Deutschen mit Migrationshintergrund – mit und ohne eigene Migrationserfahrung – von jeweils 5 007 000 und 3 472 000 auf jeweils 5 013 000 und 3 585 000, während die Zahl der Ausländerinnen und Ausländer – mit und ohne eigene Migrationserfahrung – von jeweils 5 594 000 und

Bevölkerung nach detailliertem Migrationsstatus				
Insgesamt	2007	2008	2009	2010
	in 1 000			
Bevölkerung (Mikrozensus)	82 257	82 135	81 904	81 715
Personen mit Migrationshintergrund im engeren Sinne (Mikrozensus)	15 411	15 566	15 703	15 746
Ausländische Bevölkerung (Ausländerzentralregister)	6 745	6 728	6 695	6 754
Einbürgerungen (Einbürgerungsstatistik)	113	94	96	102

Bevölkerung Deutschlands nach detailliertem Migrationsstatus
nach Ergebnissen des Mikrozensus 2007–2010
Quelle: Statistisches Bundesamt

ten – um 3,2 Prozent – wachsende Gruppe bilden »Deutsche ohne eigene Migrationserfahrung«.[31] Was hat es zu bedeuten?

Das bedeutet: Gegenwärtig zu beachten gilt weniger die Zuwanderung aus dem Ausland als vielmehr die – wenn sie überhaupt eine ist – Zuwanderung ›über den Kreißsaal‹. So steigt z. B. der Anteil von Schülerinnen und Schülern mit Migrationshintergrund – der Zukunft unserer Gesellschaft – an Schulen vielerorts spürbar. Um sich ein klares Bild von diesem Trend zu machen, braucht man keine extremen Zahlen geliefert zu bekommen wie etwa jene, über die am 18. Juli 2005 in einem Artikel der *tageszeitung* berichtet wurde: Der Anteil von Schülerinnen und Schülern nichtdeutscher Herkunft liege, so der Artikel, an 38 Schulen in Berlin über 80 Prozent, an 9 Schulen davon sogar über 90 Prozent.[32] Aber auch diese Zahlen waren Teil der Realität. Die Überschrift des Artikels lautete im Übrigen: »Ausländeranteil an Schulen steigt«. Verstehen wir unter Ausländeranteil nicht etwas anderes als Anteil von Schülerinnen und Schülern mit Migrationshintergrund?

---

1 630 000 auf jeweils 5 577 000 und 1 570 000 schrumpft (vgl. Statistisches Bundesamt 2011b, S. 32; 34).

31 Vgl. Statistisches Bundesamt 2011b, S. 35.

32 Vgl. Evangelischer Pressedienst: Ausländeranteil an Schulen steigt. In: die tageszeitung, 18. 7. 2005; verfügbar in: <http://www.taz.de/1/archiv/?id=archiv&dig= 2005/07/18/a0203>.

Gerade in dieser überaus leichten Manipulierbarkeit liegt die Tücke des Begriffes »Personen mit Migrationshintergrund«, der vom Statistischen Bundesamt spätestens seit dem Mikrozensus 2005 bei der Untergliederung von Personengruppen programmatisch verwendet wird. Konstitutiv für die relativ sperrige Formulierung ist der Grundgedanke, »dass sich Migration nicht nur auf die Betrachtung der Zuwanderer selbst – d. h. die eigentlichen Migranten – beziehen soll, sondern auch bestimmte ihrer in Deutschland geborenen Nachkommen einschließen muss«.[33] Das Statistische Bundesamt ist sich der heiklen Sachlage auf dem definitorischen Terrain bewusst: Bei dem Begriff »Bevölkerung mit Migrationshintergrund«, so wird in den dazu einschlägigen Publikationen über die letzten Jahre unverändert wiederholt,

> sind sich die verschiedenen Quellen keineswegs einig, ob alle Zuwanderer und alle Nachkommen einzubeziehen sind, oder wenn nicht, welche Kriterien zur Abgrenzung der Einzubeziehenden heranzuziehen sind. In der Mehrheit der Fälle lassen die Quellen den Begriff sogar vollständig undefiniert.[34]

Dieser diffusen Quellenlage setzt das Statistische Bundesamt einen umständlich formulierten, aber präzise umrissenen Vorschlag entgegen. Dem zufolge zählen zu den Menschen mit Migrationshintergrund

> *alle nach 1949 auf das heutige Gebiet der Bundesrepublik Deutschland Zugewanderten, sowie alle in Deutschland geborenen Ausländer und alle in Deutschland als Deutsche Geborenen mit zumindest einem zugewanderten oder als Ausländer in Deutschland geborenen Elternteil.*[35]

---

33   Statistisches Bundesamt 2011b, S. 5; vgl. auch Statistisches Bundesamt: Fachserie 1: Bevölkerung und Erwerbstätigkeit. Reihe 2.2: Bevölkerung mit Migrationshintergrund. Ergebnisse des Mikrozensus 2005. Wiesbaden: Statistisches Bundesamt, 2009a. S. 5; Statistisches Bundesamt: Fachserie 1: Bevölkerung und Erwerbstätigkeit. Reihe 2.2: Bevölkerung mit Migrationshintergrund. Ergebnisse des Mikrozensus 2006. Wiesbaden: Statistisches Bundesamt, 2009b. S. 5; Statistisches Bundesamt 2009c, S. 5; Statistisches Bundesamt 2010a, S. 5; Statistisches Bundesamt 2010b, S. 5.
34   Statistisches Bundesamt 2011b, S. 5; vgl. auch Statistisches Bundesamt 2009a, S. 5; Statistisches Bundesamt 2009b, S. 5; Statistisches Bundesamt 2009c, S. 5; Statistisches Bundesamt 2010a, S. 5; Statistisches Bundesamt 2010b, S. 5.
35   Statistisches Bundesamt 2011b, S. 6; Hervorhebung im Original; vgl. auch Statistisches Bundesamt 2009a, S. 6; Statistisches Bundesamt 2009b, S. 6; Statistisches Bundesamt 2009c, S. 6; Statistisches Bundesamt 2010a, S. 6; Statistisches Bundesamt 2010b, S. 6.

Das bedeutet im Klartext: Angehörige von der ersten bis zur dritten Zuwanderergeneration werden als Personen mit Migrationshintergrund eingestuft.[36] Eine dermaßen ausgedehnte Definition birgt unterdessen die Gefahr in sich, dass Angehörige der zweiten und der dritten Zuwanderergeneration – keine eigentlichen Migranten, wie das Statistische Bundesamt einräumt – um der Einfachheit willen, oder aber in polemischer Absicht, plötzlich als Migranten bezeichnet werden. Vom Begriff her ist es völlig unzulässig, doch es geschieht scheinbar unwillkürlich.

Als eines der alarmierendsten Beispiele hierfür darf das in der Einleitung erwähnte Buch *Deutschland schafft sich ab* von Sarrazin gelten. Im genannten Buch finden sich Passagen, die solche fatalen Bedeutungsverschiebungen so eklatant – und auch bewusst[37] – vor Augen führen, dass es an dieser Stelle lohnend ist, die markanteste davon anzuführen. Im Abschnitt »Migranten muslimischer Herkunft« – bereits die Überschrift ist unrichtig, wie gleich zu sehen sein wird – schreibt Sarrazin:

> Laut Mikrozensus 2007 leben in Deutschland 15,4 Millionen Menschen mit Migrationshintergrund. Davon entfallen auf Bürger der EU 3,7 Millionen, auf die Herkunftsgebiete Bosnien und Herzegowina, Türkei, Naher und Mittlerer Osten sowie Afrika 4,0 Millionen. Die Migranten aus diesen Herkunftsgebieten werden im Folgenden *muslimische Migranten* genannt. Sicher gibt es unter ihnen auch einige mit christlichem oder anderem religiösen Hintergrund. Aber diese fallen kaum ins Gewicht.[38]

An dieser Passage lässt sich die terminologische Verschiebung in ihrer progressiven Stufenfolge genau verfolgen. Im ersten Satz ist zunächst ganz im konventionellen Sinne von »Menschen mit Migrationshintergrund« die Rede. Nach einer raschen Aufzählung derselben nach Herkunftsgebieten im zweiten Satz leitet der dritte Satz unvermittelt mit dem Substantiv »Migranten« ein, womit weiterhin eigentlich Men-

---

36 Für eine eingehende Auseinandersetzung mit den Begriffen »Migration«, »Migrantenkinder« und »Migrationshintergrund« siehe Abschnitt 2.1.2 »Wer sind ›Migrantenkinder und -jugendliche?‹« in Heike Diefenbach: Kinder und Jugendliche aus Migrantenfamilien im deutschen Bildungssystem. Erklärungen und empirische Befunde. 3. Auflage. Wiesbaden: VS Verlag für Sozialwissenschaften, 2010. S. 21–24.

37 Sarrazin selbst weiß um die Probleme der Definition des Ausdruckes »Menschen mit Migrationshintergrund«; vgl. Thilo Sarrazin: Deutschland schafft sich ab. Wie wir unser Land aufs Spiel setzen. München: Deutsche Verlags-Anstalt, 2010. S. 432, Anm. 6.

38 Sarrazin, S. 261; Hervorhebung im Original.

schen mit Migrationshintergrund gemeint sind. Ferner wird das Substantiv »Migranten« mit dem Adjektiv »muslimisch« präzisiert, wobei dessen Stimmigkeit gleich im nächsten Satz relativiert wird. Mit anderen Worten: Es sind nicht alle Migranten, aber sie werden so definiert, und es sind nicht alle muslimisch, aber sie werden – ebenfalls – so definiert.

Es ist erstaunlich, wie Sarrazin sich Derartiges leisten kann: auf der einen Seite eine akribische Gesellschaftsanalyse liefern zu wollen und auf der anderen Seite Millionen von Menschen, deren nicht unbedeutender Teil von nirgendwoher nach Deutschland immigriert ist, in Bausch und Bogen als Migranten zu bezeichnen. Hieraus erhebt sich die grundsätzliche Frage: Brauchen wir überhaupt den Begriff »Menschen mit Migrationshintergrund«, der zu solchen Ungenauigkeiten und Fehldeutungen verführt? Warum sollen Menschen von der ersten bis zur dritten Zuwanderergeneration mit diesem pauschalen Stigma belegt werden? Spielt es etwa keine Rolle, was sie in drei Generationen interkulturell durchmachen? Ist Kultur etwa ein bleibendes, erbliches Merkmal?

Niemand darf hier so weit gehen und es mit der Rassenpolitik der NSDAP vergleichen, die ab 1942 alle Nachkommen von Juden in den besetzen Ostgebieten bis zur dritten Generation – also einschließlich der »Mischlinge ersten Grades« und der »Mischlinge zweiten Grades« – rechtlich als Juden behandelte.[39] Aber es gibt kritische Stimmen, die das Wagnis eingehen, die Wortführer in Politik und Medien mit dem Schatten einer überwunden geglaubten Vergangenheit konfrontieren. Die Erziehungswissenschaftlerin Annita Kalpaka sieht, unter Anlehnung an den französischen Philosophen Étienne Balibar, den Begriff »Kultur« als »ein Platzhalter für ›Rasse‹« an:

> Der Begriff Kultur ersetzt [...] den Begriff ›Rasse‹: Die ›anderen‹ werden entlang dem Kriterium ›kulturelle Identität‹ erkennbar, ebenso an Haar- und Hautfarbe wie an Sprache, Kleidung und Auftreten in verschiedene Kategorien unterteilt, denen eine scheinbar neutral bestimmbare Differenz zur ›deutschen Kultur‹ zugeschrieben wird. Gemessen an dieser ›kulturellen Differenz‹ werden die ›Angehörigen fremder Kulturen‹ bis heute als integrationsfähige, nützliche Mitarbeiter oder aber als nicht integrationsfähige Belastung klassifiziert, die den inneren Frieden des ›deutschen‹ Gemeinwesens gefährden

---

39 Vgl. Beate Meyer: »Jüdische Mischlinge«. Rassenpolitik und Verfolgungserfahrung 1933–1945. Hamburg: Dölling und Galitz, 1999. S. 96–98.

[sic]. Zu schützen gilt nicht mehr die »rassische Reinheit«, sondern eine authentische »kulturelle Identität«.[40]

In dieser stichhaltigen wie provokativen These klingt ein scharfsinniger Befund nach, den Theodor W. Adorno bei der Auswertung des Materials des so genannten Gruppenexperiments ausgesprochen hat. Das Experiment, das zwischen 1950 und 1951 im Auftrag des Instituts für Sozialforschung (IfS) an der Universität Frankfurt am Main durchgeführt wurde und aus dem 1955 unter Bearbeitung von Friedrich Pollock ein umfangreicher Studienbericht hervorging, bestand in empirischen Untersuchungen zu »Meinungen, Einstellungen und Verhaltensweisen der Bevölkerung der Bundesrepublik zu wesentlichen gesellschaftlichen und politischen Fragen«.[41] In diesem Bericht geht Adorno, in einem Abschnitt des von ihm verfassten Kapitels »Schuld und Abwehr«, anhand einer Reihe von Aussagen von Versuchsteilnehmenden den möglichen »Überbleibsel[n] der Rassentheorie«[42] nach und gelangt zu der Einsicht:

> Anstelle der Arier und der Herrenrasse geht es hier nun um die weiße Rasse, welche die abendländische Kultur verteidigen soll [...]. Nicht selten verwandelt sich der faschistische Nationalismus in einen gesamteuropäischen Chauvinismus, so wie es etwa der Titel der Zeitschrift von Hans Grimm »Nation Europa« verrät. Das vornehme Wort Kultur tritt anstelle des verpönten Ausdrucks Rasse, bleibt aber ein bloßes Deckbild für den brutalen Herrschaftsanspruch.[43]

Verlieren wir die historische Kontinuität von Identitätsdiskursen, die subliminale Artikulation von Machtansprüchen sowie die funktionale Austauschbarkeit von Modebegriffen nicht aus den Augen – und auch nicht

---

40 Annita Kalpaka: Pädagogische Professionalität in der Kulturalisierungsfalle – Über den Umgang mit ›Kultur‹ in Verhältnissen von Differenz und Dominanz. In: Rudolf Leiprecht / Anne Kerber (Hgg.): Schule in der Einwanderungsgesellschaft. Ein Handbuch. 2. Auflage. Schwalbach i. Ts.: Wochenschau, 2006. S. 387–405, hier S. 393; vgl. auch Étienne Balibar / Immanuel Wallerstein: Rasse – Klasse – Nation. Ambivalente Identitäten. Übersetzt von Michael Haupt und Ilse Utz. 2. Auflage. Hamburg/Berlin: Argument, 1992. S. 27–30.
41 Theodor W. Adorno: Schuld und Abwehr. Eine qualitative Analyse zum *Gruppenexperiment*. In: Theodor W. Adorno: Gesammelte Schriften. Herausgegeben von Rolf Tiedemann unter Mitwirkung von Gretel Adorno, Susan Buck-Morss und Klaus Schultz. Bd. 9.2. Soziologische Schriften II. Bd. 2. Frankfurt a. M.: Suhrkamp, 2003. S. 121–324, hier S. 131.
42 Adorno, S. 275–281.
43 Adorno, S. 276–277.

die Möglichkeit, dass Rückgriffe auf die Debatte um die öffentliche Mei-
nung der Bundesrepublik der 1950er Jahre und die Debatte um Ethnizität und Nationalität im Frankreich der 1980er Jahre für die gegenwärtige
Debatte in Deutschland erhellend sein können.

Entstehung und Entwicklung der Interkulturellen Kommunikation

Um zu den populären Lehrbüchern des Wissensgebietes »Interkulturelle Kommunikation« zurückzukommen: Das Problem, das sich in Heringers Buch offenbart, ist bezeichnend für das Wissensgebiet insgesamt.
Eine Reihe von Aussagen und Beispielen, die im Bereich der interkulturellen Kommunikation Geltung beanspruchen und dementsprechend in
das Buch Eingang gefunden haben, begünstigt – einerseits – eine Vorstellung von Kulturen, die an spezifischen Merkmalen eindeutig festzu-
machen seien und über die Zeiten hinweg mehr oder minder konstant
blieben. Andererseits weiß das Buch prägnant und souverän zu vermitteln, wie Kulturen in Wirklichkeit beschaffen sind. Nach einer kritischen
Beleuchtung von diversen Typologien bzw. Taxonomien von Kulturen, die
auf binären Oppositionen wie westlich/östlich, individualistisch/kollek-
tivistisch, high-context/low-context (d. h. beziehungsorientiert/systemori-
entiert), monochron/polychron (d. h. mehrere Handlungen nacheinander
vollziehend / mehrere Handlungen gleichzeitig vollziehend), demokra-
tisch/hierarchisch etc. aufbauen,[44] heißt es denn auf einmal wie selbstverständlich: »Kultur ist nichts Abgeschlossenes. […] Kultur ist flexibel. […]
Kultur ist komplex. […] Kultur ist nichts Homogenes«.[45]

Woher entstehen diese Diskrepanzen, dass man auf der einen Seite
methodologisch gezwungen ist, zu generalisieren, zu kategorisieren und
zu systematisieren, auf der anderen Seite aber die Notwendigkeit unter-
streicht, Kategorien und Schemata zu hinterfragen, zu relativieren und
schließlich in Zweifel zu ziehen? Der US-amerikanische Kulturanthro-
pologe Edward T. Hall, der niederländische Kulturwissenschaftler Geert
Hofstede oder der britische Sprachwissenschaftler Richard D. Lewis –
um nur einige wenige Namen zu nennen – haben zweifellos wertvolle In-

---

44 Vgl. Heringer, S. 143–158.
45 Heringer, S. 158.

strumente zum Nachdenken über kulturelle Differenzen geliefert. Man denke u. a. an die Begriffe »Proxemik« (d. h. die Beschreibung von körperlicher Distanz und räumlicher Interaktion), »high-context/low-context« oder »monochron/polychron« bei Hall, die Dimensionierung bzw. Positionierung von ausgewählten Ländern nach bestimmten Kriterien bei Hofstede[46] oder die Kategorisierung von Kulturen in linear-aktive, multiaktive und reaktive Kulturen bei Lewis.[47] Besonders hervorzuheben sind die von Hofstede ermittelten Dimensionen von nationalen Kulturen nach den Kriterien Machtdistanz, Individualismus, Unsicherheitsvermeidung, Maskulinität und Langfrist-Orientierung. Entlang diesen Kriterien werden kulturelle Differenzen in empirisch erhobenen Daten quantitativ erfassbar und in einzelnen Rangordnungen hierarchisch darstellbar gemacht. Dabei bleibt zu erwähnen: Befragt und untersucht wurden von Hofstede nicht Menschen aus allen Berufsgruppen und sozialen Schichten, sondern ausschließlich Mitarbeiterinnen und Mitarbeiter des IBM-Konzerns in ausgewählten Ländern, und durchgeführt wurden seine Untersuchungen in den Jahren 1968 und 1972.[48] Angesichts dieser Details darf sich jeder selbst ein Urteil darüber bilden, wie repräsentativ und wie aktuell verwertbar die Ergebnisse sind.[49]

Es kann kein Zweifel darüber bestehen, dass solche analytischen Instrumente wichtige Erfordernisse für das Erforschen von kulturellen Differenzen darstellen. Viele dieser Instrumente werden denn auch bei Heringer ebenso wie bei Lüsebrink ausführlich vorgestellt.[50] Dennoch wird am Schluss von Heringers Buch mit großem Nachdruck auf »die Gefahr der Generalisierung, der Homogenisierung und Stereotypisierung« hingewiesen, die »möglicherweise Fehldeutungen induzieren statt vor ihnen zu schützen.«[51] Und auf der letzten Seite wird in Bezug auf die Programme des interkulturellen Training, die das von der Forschung bereitgestell-

---

46 Vgl. Christel Kumbruck / Wibke Derboven: Interkulturelles Training. Trainingsmanual zur Förderung interkultureller Kompetenzen in der Arbeit. Heidelberg: Springer, 2005. S. 14.
47 Vgl. Kumbruck/Derboven, S. 13–15.
48 Vgl. Lüsebrink 2008, S. 20; 25.
49 Hofstede selbst gesteht zu, dass Kulturen, Werte und Dimensionen Konstrukte sind und nicht im absoluten Sinne »existieren« (vgl. Geert Hofstede: Dimensions Do Not Exist: A Reply to Brendan McSweeney. In: Human Relations 55/11 [2002], S. 1–7, hier S. 5).
50 Vgl. Heringer, S. 143–159; S. Lüsebrink 2008, S. 18–29.
51 Heringer, S. 233.

te typologisch-klassifikatorische Wissen über Kulturen didaktisch verwerten, kritisch zu bedenken gegeben:

> Die Programme haben als Grundlage einen starren Kulturbegriff, der der Komplexität und Variabilität der Realität nicht gerecht wird. Sie vermitteln ein vereinfachtes Weltbild, in dem jedem Problem schnell und unkompliziert, glatt und fast schon automatisch die passende Lösung zukommt.[52]

Treffender kann man das Dilemma, unter dem das Wissensgebiet »Interkulturelle Kommunikation« leidet, nicht zum Ausdruck bringen: Warum dieser nachgerade schizophrene Habitus – das Bedürfnis nach typologischem Erfassen von Kulturen einerseits und das Bekenntnis zu fundamentaler Skepsis andererseits?

Die Gründe hierfür liegen in der Entstehung und der Entwicklung des Wissensgebietes und der Praxis des interkulturellen Training. Nach dem Zweiten Weltkrieg, zu Zeiten des Kalten Krieges, entstand in den USA und sukzessive bei ihren Verbündeten der Bedarf, innerhalb des Lagers nicht nur politisch und militärisch, sondern auch wirtschaftlich zusammenzuarbeiten. Es war auch strategisch – mit Blick auf die systemische Konkurrenz mit den Ostblockstaaten – erstrebenswert, die einzelstaatlichen Kapitalismen zu einem globalen Kapitalismus auszuweiten. Zur gleichen Zeit stellte man fest: Die US-Botschafter zu Frankreich, Italien, Deutschland, Belgien, den Niederlanden, Norwegen, der Türkei, Japan, Korea, Thailand, Vietnam und Indonesien waren nicht imstande, die Sprachen ihrer Dienstorte zu sprechen, wobei 90 Prozent aller russischen Beamten im auswärtigen Dienst die Sprache ihres jeweiligen Dienstortes beherrschten.[53] Da musste etwas getan werden.

Handelsorganisationen wie auch die Regierung der USA hegten infolgedessen ein gemeinsames Interesse daran, ihre Mitarbeiterinnen und Mitarbeiter in Fähigkeiten zur Kooperation auf internationaler Ebene auszubilden. So wurden zunächst im Foreign Service Institute, das kurz nach dem Zweiten Weltkrieg im US-Außenministerium eingerichtet wurde, spezifische Trainingsprogramme für Beamte im auswärtigen Dienst entwickelt. Die Entstehung bzw. die Begründung des Wissens-

---

52 Heringer, S. 235.
53 Vgl. Everett M. Rogers / William B. Hart / Yoshitaka Miike: Edward T. Hall and the History of Intercultural Communication. The United States and Japan. In: Keio Communication Review 24 (2002), S. 3–26, S. 8.

gebietes »Interkulturelle Kommunikation« bzw. *Intercultural Communication* ist mit diesem Foreign Service Institute und dem vorhin genannten Namen Edward T. Hall verbunden. Hall arbeitete in den frühen 1950er Jahren am Foreign Service Institute und entwickelte dort mit seinen Mitarbeitern, im Austausch mit den vorhandenen Wissensgebieten wie Kulturanthropologie, Sprachwissenschaft, Ethnologie und Psychoanalyse, eine Reihe von theoretischen und methodischen Konzepten, die zusammen nach und nach zu einem neuen Wissensgebiet heranreiften. 1959 verwendete er in seiner einflussreichen Studie zur nonverbalen Kommunikation, *Die stille Sprache* (The Silent Language), zum ersten Mal den Ausdruck »intercultural communication«.[54]

Während der darauf folgenden Jahrzehnte avancierte die Interkulturelle Kommunikation zu einem pragmatisch orientierten Wissenschaftszweig in den USA. Auf dem konstant wachsenden Wissen basierend wurden Trainingsprogramme konzipiert, universitäre Kurse entwickelt, Lehrbücher herausgegeben, akademische Gesellschaften und Fachzeitschriften gegründet. Dieser Trend bleibt auch nach dem Ende des Kalten Krieges ungebrochen – oder besser, er schlägt damit umso stärker zu Buche, da der internationale Aktionsradius der Politik wie der Wirtschaft ungleich größer geworden ist. Zudem haben sich die Voraussetzungen der Zielgruppen gewandelt. Lüsebrink beobachtet 2005 den »deutliche[n] Trend, von formalisierten interkulturellen Trainings zu gezielten Beratungsmaßnahmen überzugehen«. Dies erfolge

> nicht nur aufgrund äußerer Zwänge zeitlicher und finanzieller Art, sondern auch vor dem Hintergrund, dass interkulturelle Trainingselemente bereits in vielfältiger Weise in unterschiedlichen Formen des Bildungs- und auch des Hochschulwesens präsent sind und vermittelt werden. Vor allem bei jüngeren multikulturellen Teams, etwa von Unternehmen, kann somit tendenziell eine größere interkulturelle Aufgeschlossenheit und ein breiteres interkulturelles Wissen als noch vor zwei oder drei Jahrzehnten vorausgesetzt werden.[55]

Die schulische und universitäre Vermittlung von interkulturellem Trainingswissen mag für das Voranbringen der internationalen Wirtschaftskooperation von Nutzen sein. Ob sie es auch für die Sozialisation der

---

54   Edward T. Hall: The Silent Language. New York: Doubleday, 1959. S. 15; vgl. auch Rogers/Hart/Miike, S. 3.
55   Lüsebrink 2008, S. 82.

Individuen in der Einwanderungsgesellschaft insgesamt ist, daran darf mit guten Gründen gezweifelt werden. Denn was lässt sich in Bezug auf die anfängliche Kundschaft und die anfänglichen Ziele des Wissensgebietes »Interkulturelle Kommunikation« feststellen? Die Kundschaft bildeten hauptsächlich »Diplomaten, Geschäftsleute, militärische Berater, Entwicklungshelfer«,[56] und die Ziele waren in erster Linie eine von interkulturellem Fingerspitzengefühl geleitete Außenpolitik, machtsichernde militärische Kooperationen und gewinnbringende Handelsbeziehungen. Können Konzepte und Modelle, die für diese Kundschaft und für diese Ziele entwickelt wurden, für die pädagogischen Herausforderungen angesichts der kulturellen Vielfalt im Klassenzimmer geeignet sein?

In der schulischen Erziehung in der Einwanderungsgesellschaft geht es nicht um den Ausbau von strategisch nutzbringenden diplomatischen Beziehungen oder mittelfristige profitversprechende Unternehmenskooperationen, sondern um die Förderung von dauerhaften kulturübergreifenden Verständigungsmöglichkeiten im gesellschaftlichen Zusammenleben. Dafür sind andere Konzepte und andere Modelle vonnöten.

---

56 Rita Dadder: Interkulturelle Orientierung. Analyse ausgewählter interkultureller Trainingsprogramme. Saarbrücken/Fort Lauderdale: Breitenbach, 1987. S. 69; vgl. auch Heringer, S. 222.

Zweites Kapitel

Erkenntnisse und Theoriebildung in Literatur- und Kulturwissenschaften

> Eine wahrhaft allgemeine Duldung wird am sichersten erreicht, wenn man das Besondere der einzelnen Menschen und Völkerschaften auf sich beruhen läßt, bei der Überzeugung jedoch festhält, daß das wahrhaft Verdienstliche sich dadurch auszeichnet, daß es der ganzen Menschheit angehört. Zu einer solchen Vermittelung und wechselseitigen Anerkennung tragen die Deutschen seit langer Zeit schon bei.[57]
>
> Johann Wolfgang Goethe, *German Romance*

Die Literatur- und Kulturwissenschaften haben zu den Fragen der Andersheit, der Fremdheit und von deren Verstehen, dem Fremdverstehen, Erkenntniswege aufgezeigt, die weitab von den Konzepten und Modellen der Interkulturellen Kommunikation verlaufen. Wie wir die eine oder die andere Kultur verstehen, hängt maßgeblich davon ab, wie wir das Eigene und das Fremde wahrnehmen. Dabei tendieren wir einerseits dazu, Dinge, die wir ablehnen, als fremd abzustempeln und sie in der Folge auch als fremd wahrzunehmen, andererseits aber auch dazu, Dinge, die wir gutheißen, unser eigen zu nennen und uns mit ihnen zu identifizieren. In solchen in der Regel unbewussten kognitiven Operationen manifestiert sich ein schlichtweg menschlicher Mechanismus, der die Herausbildung von kollektiven Identitäten steuert und die moralische Integrität dieser Identitäten überwacht.

Wer etwa ein Gebot der Kopfbedeckung im Koran vorzufinden wähnt, wird nach vergeblichem Suchen überrascht sein, im Neuen Tes-

---

57 Johann Wolfgang Goethe: German Romance. Volumes IV. Edinburgh 1827. In: Johann Wolfgang Goethe: Goethes Werke. Hamburger Ausgabe in 14 Bänden. Bd. XII. Schriften zur Kunst. Schriften zur Literatur. Maximen und Reflexionen. Textkritisch durchgesehen von Erich Trunz und Hans Joachim Schrimpf. Kommentiert von Herbert von Einem und Hans Joachim Schrimpf. München: Beck, 1981. S. 351–353, hier S. 353.

tament fündig zu werden. Im ersten Brief des Paulus an die Korinther steht zu lesen:

> Eine Frau [...], die betet oder prophetisch redet mit unbedecktem Haupt, die schändet ihr Haupt; denn es ist gerade so, als wäre sie geschoren. Will sie sich nicht bedecken, so soll sie sich doch das Haar abschneiden lassen! Weil es aber für die Frau eine Schande ist, dass sie das Haar abgeschnitten hat oder geschoren ist, soll sie das Haupt bedecken. (1. Kor 11,4–6)

Als bemerkenswertes Gegenbeispiel dazu darf folgender Vers aus dem Koran, Sure 5 (al-Māʾida, »Der Tisch«), angeführt werden:

> Für jeden von euch haben wir eine Richtung und einen Weg festgelegt. Und wenn Gott gewollt hätte, hätte Er euch zu einer einzigen Gemeinschaft gemacht. Doch will Er euch prüfen in dem, was Er euch hat zukommen lassen. So eilt zu den guten Dingen um die Wette. Zu Gott werdet ihr allesamt zurückkehren, dann wird Er euch das kundtun, worüber ihr uneins waret. (Sure 5,48)

Wer ohne Quellenkenntnis diesem Text begegnet, könnte – und das würde durchaus von Bildung zeugen – von der Idee des Wettbewerbes des Guten unter den Religionen auf das Drama *Nathan der Weise* (1779) von Gotthold Ephraim Lessing schließen, der im Kontext der europäischen Aufklärung zur interreligiösen Toleranz mahnte – und wird ebenfalls überrascht sein, einen Koranvers vor sich zu haben.

Wenn der kognitive Mechanismus von Abgrenzung und Identifikation unsere Wahrnehmung von kulturellen Differenzen in entscheidendem Maße beeinflussen kann, so wird die Frage nach dem Umgang mit kulturellen Differenzen von Grund auf neu zu stellen sein.

Redensarten und Stereotypen

Gute Beispiele, die die Funktionsweise dieses Mechanismus auf den zweiten Blick in schlagender Weise offen legen, finden sich etwa unter Redensarten, die mit nationalen und kulturellen Stereotypen arbeiten. In formelhaft erstarrten Redensarten begegnen uns nationale und kulturelle Stereotypen alltäglich. Diese entstehen nicht einfach ohne Grund und

aus dem Nichts, sondern entspringen häufig konkreten Ereignissen oder
Episoden, die man durch ein wenig Forschung namhaft machen kann.
Nehmen wir z. B. den Ausdruck »sich französisch empfehlen/verdrü-
cken«, d. h. heimlich fortgehen, ohne sich zu verabschieden. Geht dieser Ausdruck tatsächlich auf eine französische Gepflogenheit zurück? Im
Concise Oxford English Dictionary steht zum englischen Pendant des Aus-
drucks, »to take French leave«, folgende Erklärung zu dessen Herkunft:
»ORIGIN C18: said to derive from the French custom of leaving a func-
tion without saying goodbye to the host or hostess«[58] – der Ausdruck
habe seinen Ursprung im 18. Jahrhundert und leite sich von der französischen Gepflogenheit her, eine Feierlichkeit zu verlassen, ohne dem Gast-
geber oder der Gastgeberin auf Wiedersehen zu sagen.

Man stelle sich vor, es gebe das Stereotyp, Franzosen seien arrogant
und unhöflich. Können wir sagen, das Bild des unhöflichen Franzosen sei
in diesem historischen Faktum begründet? Arroganz oder Unhöflichkeit
sind keine Attribute, die einem zur Ehre oder Freude gereichen. Man
mag sie bei sich selbst finden, aber man will es nicht wahrhaben, man
schiebt sie lieber anderen zu. Der Sprachforscher Kurt Krüger-Lorenzen
schreibt in einem seiner Bestseller über deutsche Redensarten, *Das geht
auf keine Kuhhaut* (1960), zu der Redensart »Sich französisch empfehlen«:
»Jedes Volk wälzt diese unhöfliche Sitte immer auf ein anderes ab«.[59] Die
Psychoanalyse von Sigmund Freud nennt diese Vorgänge »Verdrängung«
und »Projektion«.[60]

Der US-amerikanische Journalist Walter Lippmann hat in den 1920er
Jahren den Begriff *stereotype* erstmals im Sinne von ›Bildern in unseren
Köpfen‹[61] verwendet. Der Begriff selbst stammt, ebenso wie der französische Begriff *cliché*, aus dem Druckwesen. Lippmanns Auffassung nach ist
das Stereotyp »ein rationelles Verfahren des Individuums zur Reduktion

---

58 Concise Oxford English Dictionary. Eleventh edition. Edited by Catherine Soanes
    and Angus Stevenson. Oxford/New York: Oxford University Press, 2004. S. 567.
59 Kurt Krüger-Lorenzen: Deutsche Redensarten und was dahinter steckt. Das geht auf
    keine Kuhhaut. Aus der Pistole geschossen. Der lachende Dritte. Mit Zeichnungen
    von Franziska Bilek. 7. Auflage. München: Heyne, 2008. S. 99.
60 Vgl. Sigmund Freud: Totem und Tabu. Einige Übereinstimmungen im Seelenle-
    ben der Wilden und der Neurotiker (1912–13). In: Sigmund Freud: Studienausga-
    be. 11 Bde. Herausgegeben von Alexander Mitcherlich, James Strachey und Angela
    Richards. Bd. IX. Fragen der Gesellschaft. Ursprünge der Religion. Frankfurt a. M.:
    Fischer, 1974. S. 287–444, hier S. 353–354.
61 Vgl. Walter Lippmann: Public Opinion. New York: Macmillan, 1922. S. 3; vgl. auch
    Lüsebrink 2008, S. 88.

der Komplexität seiner realen Umwelt«.[62] Das wirft, wenn wir uns auf die
Psychoanalyse besinnen, zwei kritische Fragen auf: (1) Findet das Verfahren nur bei Individuen seine Anwendung? Und: (2) Dient das Verfahren
nur zur Vereinfachung der Wahrnehmung?

Dazu sei ein weiteres Beispiel angeführt. Im Italienischen kennt man
eine Redensart, die den Modus beschreibt, wie man sich bei einer öffent-
lichen Veranstaltung um den Eintrittspreis drückt: »fare il portoghese«,
d. h. den Portugiesen spielen/abgeben. Laut *Zingarelli* bedeutet das italienische Lemma *portoghese*, im Sinne von »Portugiese«, erstens »Einwohner
Portugals« und zweitens, im figurativen Sprachgebrauch, »jemand, der ein
Theater oder eine öffentliche Veranstaltung betritt, ohne den Eintrittspreis zu bezahlen«.[63] Wie ist diese Bedeutung entstanden? Die historische Episode, auf die sie zurückgeht, gibt interessante Aufschlüsse. Der
Schauplatz ist das Rom des 18. Jahrhunderts. Der portugiesische Bot-
schafter im Kirchenstaat lädt, anlässlich eines denkwürdigen Ereignisses,
alle in Rom ansässigen Portugiesen zu einer Theatervorstellung im Teatro
Argentina ein. Alle Portugiesen sollen freien Eintritt erhalten. Es bedarf
keiner besonderen Phantasie, um sich die nahe liegende Folge vorzustel-
len: Zur Theatervorstellung erscheinen nicht nur Portugiesen, sondern
auch Italiener, von denen einige versuchen, sich als Portugiesen auszuge-
ben, um sich so freien Eintritt zu verschaffen.

Die Redensart geht also nicht auf das Verhalten der Portugiesen, sondern auf das Verhalten, man sage nicht der, aber immerhin einiger, Italiener zurück. Wenn in Italien aufgrund dieser Episode das Stereotyp des
Portugiesen entstanden ist, der sich bei Veranstaltungen gerne um den
Eintrittspreis drückt, so hat man damit ein eigenes – unangenehmes und
peinliches – Image erfolgreich auf ein anderes Volk abgewälzt. Man hat
es verdrängt und projiziert, um mit Freud zu sprechen.

Sehen wir uns dazu noch ein deutsches Beispiel an, damit wir nicht
in den Versuch geraten, dieses Verfahren zu Unrecht zu kulturalisieren.
Man kennt den einstmals umgangssprachlichen Ausdruck »einen Türken
bauen/stellen«, d. h. etwas als echt hinstellen, obwohl es falsch ist. Woher
stammt dieser Ausdruck? Krüger-Lorenzen erzählt dazu folgende Episode:

---

62 Heringer, S. 198.
63 »Chi entra in teatro o in altro luogo di pubblico spettacolo senza pagare il biglietto«
    (Vocabolario della lingua italiana di Nicola Zingarelli. Dodicesima edizione. Bolo-
    gna: Zanichelli, 2000. S. 1382; Übersetzung von mir, A. T.).

Als 1895 Kaiser Wilhelm II. den nach ihm benannten Kaiser-Wilhelm-Kanal (heute Nordostseekanal), eine der wichtigsten Weltseeverkehrsstraßen, einweihte, trafen sich im Kieler Hafen Kriegsschiffe aller seefahrenden Nationen. Der Kaiser hatte aus diesem Anlaß zu einem Galadiner auf dem Flottenflaggschiff SMS »Deutschland« eingeladen. Jedes Boot, das den Vertreter eines Staates an Bord der »Deutschland« brachte, führte die entsprechende Nationalflagge. Sobald ein hoher Würdenträger seinen Fuß auf das oberste Fallreeppodest setzte, präsentierte die Sicherheitswache, und die Marinekapelle spielte die Nationalhymne des betreffenden Landes. Als plötzlich ein Boot mit der roten türkischen Halbmondflagge anrauschte, stellte der Kapellmeister bestürzt fest, daß weder die Noten der türkischen Nationalhymne vorhanden waren noch einer seiner Musiker diese kannte. Als dann die türkischen Seeoffiziere mit Fez und Halsorden das Fallreep heraufstiegen, intonierte die Marinekapelle kurz entschlossen: »Guter Mond, du gehst so stille durch die Abendwolken hin.« So wurde der erste Türke gebaut.[64]

Man stelle sich vor, es gebe die Vorstellung, Türken seien irgendwie falsch. Wenn die Vorstellung auch nur ein wenig von dem Ausdruck »einen Türken bauen« her assoziiert wäre, der seinerseits auf die eben erzählte Episode zurückginge, so müsste man sich zunächst die Frage gefallen lassen: Wer hat hier wen mit Absicht getäuscht?

Differenz, Fremdheit, Hybridität

Die besprochenen Beispiele führen zu grundlegenden Fragen: Wie werden Differenzen wahrgenommen, festgeschrieben und überzeichnet? Wie werden zwischen Eigenem und Fremdem Grenzen gezogen, gefestigt und geschützt? Wie werden Identitäten vorgestellt, behauptet und konstruiert? Die Literatur- und Kulturwissenschaften widmen sich solchen Fragen intensiv, zumal ihr Gegenstand, vor allem die Literatur, von jeher mit diesen Fragen arbeitet. Man denke u. a. an die interkulturelle Hermeneutik bzw. Imagologie, die sich als Wissenschaftszweig der Allgemeinen und Vergleichenden Literaturwissenschaft (Komparatistik) versteht und Auto- und Heterostereotypen, d. h. Selbst- und Fremdbilder, untersucht, die interkulturelle Germanistik, die die interkulturellen Perspekti-

---

64 Krüger-Lorenzen, S. 272–273.

ven fruchtbar in die germanistische Forschung integriert, sowie die interkulturelle Literaturwissenschaft, die die interkulturelle Hermeneutik mit
der »kritischen Reflexion der Kulturgeschichte als Herrschaftsgeschichte«
verbindet und durch vergleichende Kulturforschung spezifische Erkennt-
nisgewinne über gesellschaftliche Entwicklungen anstrebt.[65]

Es gibt literarische Texte, die stereotype Bilder erzeugen, bestätigen
und weitergeben, aber auch Texte, die das Spiel nicht mitmachen und
stereotype Bilder hinterfragen, relativieren und modifizieren. Die Figur
des Fremden z. B. begegnet uns von jeher in vielen großen Werken der
Weltliteratur: Amazonen, Nymphen, Hexen, Wilde, Juden, Zigeuner, Li-
liputaner, Ungeheuer, Außerirdische etc. Der Fremde bzw. die Fremde im
Sinne von Antifigur der Identifikation dient als Projektionsfläche. Man
projiziert Negatives oder Positives, Ängste oder Wünsche, Ekel oder Ide-
ale. Bemerkenswert ist dabei die Ambivalenz: Einerseits begegnen uns
Fremde, die Furcht und Schrecken hervorrufen; andererseits finden wir
Fremde, die Faszination und Bewunderung auslösen. Die Wahrnehmung
des Fremden bzw. der Fremden oszilliert zwischen einem negativen und
einem positiven Pol, dem Monströsen und dem Wunderbaren. Nur eines kann der Fremde bzw. die Fremde weder sein noch werden: (wie) wir.
Zugleich fungiert aber auch das Wort »wir« als Ort bzw. Gegen-Ort der
Projektion, an dem Identität und Differenz kognitiv wie diskursiv ausge-
handelt werden.

Die unvermeidliche Ambiguität eines solchen Ortes lässt sich am se-
mantischen Wandel des griechischen Wortes βάρβαρος (Barbar) ver-
anschaulichen. Der Begriff, den man heute in den europäischen Sprachen mit Grausamkeit, Rohheit, Primitivität und Unmenschlichkeit in
Verbindung bringt, bildet sich in der griechischen Antike im Zuge einer sprachlichen Segregation heraus. Das Wort entsteht aus Lautmalerei,
ähnlich wie das Wort »Blabla«; βάρβαροι (Barbaren) waren ursprünglich
diejenigen, die unverständlich sprachen. Das Wort ist in dieser Bedeutung bereits bei Homer nachweisbar. Unverständlich sprechen heißt nicht
unbedingt schlechtes Griechisch sprechen. Bis ins 5. Jahrhundert v. Chr.
hinein wurde das Wort in der Tat sowohl für Griechen als auch für
Nichtgriechen benutzt, die fehlerhaft oder schwerfällig sprachen.[66]

---

65 Vgl. Michael Hofmann: Interkulturelle Literaturwissenschaft. Eine Einführung.
    München: Fink, 2006. S. 36–42; 52; 56–59.
66 Vgl. Julia Kristeva: Fremde sind wir uns selbst. Aus dem Französischen von Xenia
    Rajewsky. Frankfurt a. M.: Suhrkamp, 1990. S. 60.

Die Perserkriege im frühen 5. Jahrhundert v. Chr., die die griechischen Poleis im Kampf gegen den mächtigen Feind vereinen, werden die semantische Weiterentwicklung des Wortes nachhaltig bestimmen. Bei den Tragödiendichtern Aischylos, Sophokles und Euripides ist das Wort systematisch im Gebrauch. In Aischylos' Tragödie *Die Perser* (472 v. Chr.) bezeichnen die Perser sich selbst als βάρβαροι. Doch erst bei Euripides impliziert das Wort über die sprachliche und kulturelle Unterscheidung hinaus eine moralische Herabsetzung.[67] So wird das Wort, und damit auch das Bild, das das Wort hervorruft, nach und nach mit fragwürdigen Inhalten gefüllt – Inhalten, die man gerade deshalb energisch von sich weisen möchte, weil sie in gewissem Maße, oder sogar in höherem Maße, einen selbst betreffen können.

Der französische Moralist Michel de Montaigne wird im 16. Jahrhundert in einem seiner *Essais* (1580/1588) über die Kannibalen genau dieses eingestehen. Auf die Beschreibung, wie die Ureinwohner der Neuen Welt Menschenfleisch verzehren, folgt dort eine tiefsinnige Selbstkritik:

> Ich habe durchaus nichts dagegen einzuwenden, daß man in einem solchen Vorgehen eine furchtbare Barbarei sieht; wohl aber dagegen, daß wir zwar ihre Fehler verdammen, aber so blind gegen unsere eigenen Fehler sind. Es ist doch viel barbarischer, einen lebenden Menschen zu martern, als ihn nach dem Tode aufzuessen; einen Körper, der noch alles fühlt, zu foltern, ihn langsam zu verbrennen, ihn von Hunden und Schweinen totbeißen und totquetschen zu lassen […], als ihn zu braten und zu verspeisen, nachdem er gestorben ist. …
>
> Wir können die Wilden also Barbaren nennen, wenn wir ihr Vorgehen von der Vernunft aus beurteilen, aber nicht, wenn wir sie mit uns vergleichen; denn wir sind in vieler Beziehung barbarischer.[68]

Montaigne bezieht sich mit der ›eigenen‹ Barbarei, die viel barbarischer sei als der Kannibalismus, auf die damals übliche Praxis der Folter in Europa.

Durch die Projektion von eigenen oder vertrauten Vergehen auf fremde Menschen oder Menschengruppen können neue Feindbilder generiert

---

67 Vgl. Kristeva, S. 60–61.
68 Montaigne 2008, S. 112–113.

Vittore Carpaccio, *Die Steinigung des hl. Stephanus* (1520)
Staatsgalerie, Stuttgart

oder bestehende Feindbilder potenziert werden. Der italienische Maler
der venezianischen Schule Vittore Carpaccio führt eine solche Projektion in seinem Gemälde *Die Steinigung des hl. Stephanus* aus dem Jahre 1520 in subtiler Weise vor. Die entsprechende Perikope dazu steht in
der Apostelgeschichte des Lukas.[69] Stephanus, der charismatische Prediger der christlichen Urgemeinde in Jerusalem, wird vor den Toren der
Stadt von hellenistischen Juden, die von seiner eindringlichen Mahnpre-
digt aufgebracht worden sind, gesteinigt und getötet. Saulus, der spätere
Paulus, wird darin auch erwähnt; er steht aufseiten der Mörder.

---

69   Vgl. Apg 7,54–60.

Bei aufmerksamer Betrachtung des Gemäldes fällt einem auf, dass die Steinewerfenden hier nicht als hellenistische Juden dargestellt werden, sondern Turbane und türkische Gewänder tragen. Carpaccio lässt die Zeitgeschichte in das Gemälde mit hineinfließen: Er malt mitten in den Zeiten der Türkenkriege, der über Jahrhunderte andauernden Konflikte zwischen dem Osmanischen Reich und dem christlich geprägten Europa, und die Republik Venedig bildet dabei eines der wichtigsten Bollwerke Europas. Es sind die zeitgenössischen Feindbilder, die Carpaccio hier zu Mördern von Stephanus und Gegnern des Christentums verarbeitet. Mit dem biblischen Stoff hat es nichts zu tun. Aber es kann eine Wirkung haben: Es kann die Christen gegen die Muslime mobilisieren.

Derartige Grenzziehungen werden nicht immer durch kulturell nahe liegende Differenzen, sondern auch durch Machtverhältnisse und Machtinteressen vorgenommen. Davon zeugt die Geschichte. Vier Jahrhunderte später, zwischen 1914 und 1918, stehen die Mittelmächte Deutsches Reich, Österreich-Ungarn, Osmanisches Reich und Bulgarien (ab 1915) auf der einen Seite und die Triple Entente Frankreich, Russland und Vereinigtes Königreich auf der anderen Seite einander im Ersten Weltkrieg gegenüber. Auf einer der Propaganda-Postkarten aus der Zeit sind Wilhelm II., deutscher Kaiser und König von Preußen, Franz Joseph I., Kaiser von Österreich und König von Ungarn, und Mehmed V., Sultan und Kalif des Osmanischen Reiches, nebeneinander als enge und treue Verbündete abgebildet. Die Karte führt uns bemerkenswerterweise vor Augen, wie der gemeinsame Feldzug der Mittelmächte zum heiligen Krieg stilisiert werden konnte: Die Propagandisten haben sich offenbar eine durchaus positive Wirkung davon erhoffen können, Deutsche, Österreicher und Osmanen als im Glauben an einen Gott vereint darzustellen und mit der Überschrift der Karte sogar auf ein islamisches Rechtsgutachten (Fatwā) anzuspielen.[70] Die zu bekämpfenden und zu vernichtenden Anderen waren nun andere. Die Leichtigkeit, mit der die eigene und die fremde Sphäre sich je nach Interesse umbilden lassen, verrät einmal mehr die Vorläufigkeit und Konstruiertheit des Fremden.

---

70 Vgl. Der Fetwah. Der Sultan verkündet den Dschihād, den großen heiligen Krieg gegen England, Russland und Frankreich. Aus: Sammlung Lukan. Zeitgenössische Ansichtskarte. Zit. nach: Karl Johannes Bauer: Alois Musil. Wahrheitsucher in der Wüste. Wien/Köln: Böhlau, 1989. S. 209. Ich danke Professorin Dr. Maureen Healy für den Hinweis auf das Bild.

Die Hilfe kommt von Gott und der Sieg ist nah.

DER FETWAH

Der Sultan verkündet den
DSCHIHÂD
den großen heiligen
Krieg gegen England,
Russland u. Frankreich.

Der Fetwah. Der Sultan verkündet den Dschihād, den großen heiligen Krieg gegen England, Russland und Frankreich (1914–1918)
Postkarte, Sammlung Lukan

Die bulgarisch-französische Literatur- und Kulturtheoretikerin Julia Kristeva spricht mit Blick auf die Problematik von Zuschreibung, Herabsetzung und Verfolgung des Fremden das erlösende Wort: »Das Fremde ist in uns«.[71] In ihrem Buch *Fremde sind wir uns selbst* (Étrangers à nous-mêmes, 1988) radikalisiert sie Freuds Lehre vom Unbewussten, insbesondere seine Studie *Das Unheimliche* (1919), und formuliert deren Konsequenz:

> [...] wenn wir den Fremden fliehen oder bekämpfen, kämpfen wir gegen unser Unbewußtes – dieses »Uneigene« unseres nicht möglichen »Eigenen«. Feinfühlig, Analytiker, der er ist, spricht Freud nicht von den Fremden: er lehrt uns, die Fremdheit in uns selbst aufzuspüren. Das ist vielleicht die einzige Art, sie draußen nicht zu verfolgen. Dem Kosmopolitismus der Stoiker, der universalistischen Integration durch die Religion folgt bei Freud der Mut, uns selbst als desintegriert zu benennen, auf daß wir die Fremden nicht mehr integrieren und noch weniger verfolgen, sondern sie in dieses Unheimliche, diese Fremdheit aufnehmen, die ebenso ihre wie unsere ist.[72]

---

71 Kristeva, S. 208.
72 Kristeva, S. 208–209.

Der palästinensisch-US-amerikanische Literaturwissenschaftler Edward W. Said weist gleicherweise die Kategorisierung und Polarisierung von Kulturen aus ethischen Gründen zurück. In seinem bahnbrechenden Buch *Orientalismus* (Orientalism, 1978) legt er dar, dass der Orient, so wie er uns in literarischen, journalistischen und politischen Diskursen aufscheint, weitgehend ein Konstrukt des Westens ist. Die Frage der Wahrnehmung ist dabei nichts Geringeres als die Frage des Überlebens:

> Kann man menschliche Realität in klar unterschiedene Kulturen, Geschichten, Traditionen, Gesellschaften und selbst Rassen teilen, so wie die menschliche Realität tatsächlich geteilt erscheint, und die Konsequenzen menschlich überleben? Die Konsequenzen menschlich überleben: darunter verstehe ich das Problem, ob es irgendeine Lösung gibt, die Feindlichkeiten zu vermeiden, die durch die Teilung ausgedrückt werden, sagen wir zwischen Menschen, die einem Bereich angehören, in dem »wir« (die Bewohner des Westens) uns befinden, und solchen, die einem anderen Bereich angehören, in dem »sie« (die Orientalen) sich befinden. Denn solche Unterteilungen sind Verallgemeinerungen, deren Gebrauch historisch und gegenwärtig war, um die Wichtigkeit der Differenz zwischen einigen und anderen Menschen hervorzuheben, normalerweise für einen nicht sehr positiven Zweck. Wenn jemand Kategorien wie »Orientale« oder »Westliche« gebraucht, sowohl als Ausgangs- wie auch Endpunkt von Analyse, Forschung, öffentlicher Verhaltensweise, [...] dann polarisiert sich üblicherweise die Unterscheidung. Die Orientalen werden orientalischer, die Bewohner des Westens westlicher, und sie begrenzt die menschliche Begegnung zwischen Kulturen, Traditionen und Gesellschaften.[73]

Anstatt solcher sich selbst erfüllenden kulturellen Zuschreibungen plädiert Said für einen offenen und dynamischen Kulturbegriff. Im Vorwort seines ebenfalls wichtigen Buches *Kultur und Imperialismus* (Culture and Imperialism, 1993) bringt er diesen auf den Punkt: »Alle Kulturen sind [...] ineinander verstrickt; keine ist vereinzelt und rein, alle sind hybrid, heterogen, hochdifferenziert und nichtmonolithisch«.[74]

---

73 Edward W. Said: Orientalismus. Übersetzt von Liliane Weissberg. Frankfurt a. M./Berlin/Wien: Ullstein, 1981. S. 56.
74 Edward W. Said: Kultur und Imperialismus. Einbildungskraft und Politik im Zeitalter der Macht. Aus dem Amerikanischen von Hans-Horst Henschen. Frankfurt a. M.: S. Fischer, 1994. S. 30.

Der indisch-US-amerikanische Literatur- und Kulturwissenschaftler
Homi K. Bhabha hat in seinen Arbeiten der frühen 1990er Jahre, u. a. in
seiner Aufsatzsammlung *Die Verortung der Kultur* (The Location of Culture, 1994), eine Reihe von Konzepten entwickelt, die der nachhaltigen
Etablierung eines solchen Kulturbegriffes zugute kommen. Konzepte wie
»kulturelle Hybridität«, »dritter Raum« oder »Raum des Dazwischen« ermöglichen ein Nachdenken über kulturelle Differenzen als nichtgegen-
sätzliche, nichthierarchische, interdependente und vielgestaltig organisier-
te Denkräume. Der Begriff »Hybridität« drückt dabei aus,

> daß jede kulturelle Spezifität eine Spätform ist, *von sich selbst ver-*
> *schieden* […]. Kulturen sind nur darstellbar aufgrund der Prozesse
> der Iteration und Übersetzung, durch die ihre Bedeutungen stellver-
> tretend auf – *durch* – einen Anderen ausgerichtet werden. Dies läßt
> alle essentialistischen Einforderungen einer inhärenten Authentizi-
> tät oder Reinheit von Kulturen unhaltbar werden, die, wenn sie ein-
> mal dem naturalistischen Zeichen symbolischen Bewußtseins einge-
> schrieben sind, oft zu rationalistischen politischen Argumenten für
> die Hierarchie und den Aufstieg mächtiger Kulturen werden.[75]

Können wir, angesichts dieser neueren Entwicklungen in der Theorien-
landschaft der Literatur- und Kulturwissenschaften, weiterhin in her-
kömmlicher Art und Weise über Kulturen sprechen? Die Zeichen der
Zeit stehen vielmehr auf einen Paradigmenwechsel.

---

75 Homi K. Bhabha: Die Verortung der Kultur. Mit einem Vorwort von Elisabeth
   Bronfen. Deutsche Übersetzung von Michael Schiffmann und Jürgen Freudl. Tübingen: Stauffenburg, 2000. S. 86; Hervorhebung im Original.

Drittes Kapitel

Transkulturalität: Was sie besagt, was sie verheißt

> Ein wenig reine Luft! Dieser absurde Zustand
> Europa's soll nicht mehr länger dauern! Welchen
> Werth könnte es haben, jetzt wo Alles auf größere
> und gemeinsame Interessen hinweist, diese ruppigen
> Selbstgefühle aufzustacheln? [...]
> Und das in einem Zustande, wo die *geistige Un-*
> *selbständigkeit* und Entnationalisierung in die Augen
> springt und in einem gegenseitigen Sich-Verschmel-
> zen und -Befruchten der eigentliche Werth und Sinn
> der jetzigen Cultur liegt![76]
>
> Friedrich Nietzsche, *Nachgelassene Fragmente*

Der Kulturphilosoph Wolfgang Welsch hat in den 1990er Jahren die populären Konzepte der Interkulturalität und der Multikulturalität einer
eingehenden Kritik unterzogen und sich stattdessen für das Konzept der
Transkulturalität ausgesprochen. Wie kommt es zu diesem Vorstoß, und
was bedeutet Transkulturalität?

Welsch interessiert als Ausgangspunkt die historische Entstehung des
Begriffes »Kultur«, so wie sie im zeitgenössischen Sinne verstanden wird,
als Summe der menschlichen Lebensäußerungen. Der Begriff wird im
späten 17. Jahrhundert vom Rechtsphilosophen Samuel von Pufendorf
erstmals im Sinne der Gesamtheit der Betätigungen eines Volkes, einer
Gesellschaft oder einer Nation gebraucht.[77] Das Wort »Kultur«, aus lat.
cultūra, zu lat. *colere* (pflegen, bebauen), entlehnt, bezog sich anfangs auf
die Bebauung des Ackers und die Pflege der Viehzucht. Diese Bedeutung

---

76 Friedrich Nietzsche: Nachlaß 1887–1889. Kritische Studienausgabe. Herausgegeben
von Giorgio Colli und Mazzino Montinari. München: dtv, 1999. S. 92–93.
77 Vgl. Wolfgang Welsch: Transkulturalität – die veränderte Verfassung heutiger Kulturen. In: Stiftung Weimarer Klassik und Deutsche Genossenschaftsbank (Hgg.):
Sichtweisen. Die Vielheit in der Einheit. Weimar: Edition Weimarer Klassik, 1994.
S. 83–122, hier S. 85–86; Wolfgang Welsch: Transkulturalität. Zur veränderten Verfaßtheit heutiger Kulturen. In: Zeitschrift für Kulturaustausch 45/1 (1995), S. 39–44,
hier S. 39.

ist noch heute in dem Wort »Agrikultur« vorhanden. Cicero, als einer der ersten, überträgt den Begriff von der materiellen auf die geistige Sphäre: Bebaut, gepflegt, kultiviert soll auch der Geist – so spricht Cicero von *cultūra animi*, d. h. die Pflege des Geistes. In Pufendorfs Worten bedeutet dies die »Erziehung zum geselligen Leben, zur Kenntnis der freien Künste und zum ehrbaren Leben«.[78] Das Ausweiten dieser Vorstellung von einer individuellen auf eine kollektive Dimension lässt das Wort »Kultur« zu einer Art Kollektivsingular werden.[79]

Der so entstandene allgemeine Kulturbegriff erfährt hundert Jahre später bei Johann Gottfried Herder, insbesondere in seinen *Ideen zur Philosophie der Geschichte der Menschheit* (1784–1791), eine spezifische Charakterisierung. Welsch fasst diese zusammen in drei Momenten: dem Moment der ethnischen Fundierung, dem Moment der sozialen Homogenisierung und dem Moment der Abgrenzung nach außen.[80] Mit anderen Worten: Alle Kulturen prägen die jeweiligen Mitglieder auf unverwechselbare Weise; alle Kulturen sind nach der Entfaltung ihres jeweiligen spezifischen Wesens ausgerichtet; und alle Kulturen unterscheiden sich daher auch spezifisch voneinander.

Solche Konzeptionen erscheinen im Lichte der Wechselbeziehung, der Wechselwirkung und der Vermischung von Kulturen, die nicht nur gegenwärtig zu beobachten sind, sondern auch sich historisch feststellen lassen,[81] äußerst problematisch. Die Geschichte lehrt uns: Häufig genug hat das übermäßig gesteigerte Bewusstsein einer ethnischen und kulturellen Identität zu Diskriminierung, Separatismus, Terrorismus, bewaffneten Konflikten und Kriegen geführt, und häufig genug haben sich die vehementesten Behauptungen einer ethnischen und kulturellen Zusammengehörigkeit als zweckmäßig erfunden oder mythologisch konstruiert erwiesen. Welschs Vorschlag geht dahin, dass wir uns von diesem traditionellen Konzept der Unverwechselbarkeit der einzelnen Kulturen verabschieden und »die Kulturen jenseits des Gegensatzes von Eigenkultur und Fremdkultur [...] denken«.[82]

---

78 Etymologisches Wörterbuch der deutschen Sprache. Bearbeitet von Elmar Seebold. 24., durchgesehene und erweiterte Auflage. Berlin/New York: de Gruyter, 2002. S. 545.
79 Vgl. Welsch 1994, S. 86; Welsch 1995, S. 39.
80 Vgl. Welsch 1994, S. 86; Welsch 1995, S. 39.
81 Vgl. dazu den Abschnitt »Kultureller Synkretismus« in Lüsebrink 2008, S. 99–101.
82 Welsch 1994, S. 92; Welsch 1995, S. 39–40.

An diesem Punkt stoßen wir auf Probleme. Sehen wir uns die Konzepte der Interkulturalität und der Multikulturalität, die in aller Regel konträr zur traditionellen Kulturvorstellung verwendet werden, etwas näher an. Die Konzepte werden zwar in guter Absicht gebraucht, aber sind sie dafür auch wirklich geeignet?

Der Gedanke, der sich hinter dem Konzept der Interkulturalität verbirgt, ist in seinem Prinzip gar nicht so verschieden von dem Gedanken, der Herders Vorstellung von Kulturen zugrunde lag. Zwar schwebt Herder eine kulturelle Interaktion von Völkern durchaus vor:

> *Was von Einem Volk gilt, gilt auch von der Verbindung mehrerer Völker unter einander; sie stehen zusammen, wie Zeit und Ort sie band: sie wirken auf einander, wie der Zusammenhang lebendiger Kräfte es bewirkte.*[83]

Aber Herder zufolge ist »*[d]ie Cultur eines Volks [...] die Blüthe seines Daseyns, mit welcher es sich zwar angenehm, aber hinfällig offenbaret*«,[84] und damit bleibt jede Kultur spezifisch auf ein Volk bezogen. Welsch zitiert wiederholt eine Stelle aus Herders *Auch eine Philosophie der Geschichte zur Bildung der Menschheit* (1774), um Herders bildliche Vorstellung von Kulturen zu verdeutlichen: »[...] jede Nation hat ihren *Mittelpunkt* der Glückseligkeit *in sich*, wie jede Kugel ihren Schwerpunkt!«[85] Daraus leitet Welsch die klassische Vorstellung von Kulturen als »autonome[n] Inseln oder abgeschlossene[n] Kugeln«[86] ab, die voneinander abgesetzt und isoliert existieren, die nicht ineinander übergehen, sondern gegeneinander stoßen.[87] Die viel zitierte Passage aus Herders geschichtsphilosophischer Schrift sei zur Veranschaulichung in voller Länge angeführt:

83 Johann Gottfried Herder: Ideen zur Philosophie der Geschichte der Menschheit. Dritter Theil. Riga und Leipzig: Johann Friedrich Hartknoch, 1790, S. 269; Hervorhebung im Original.

84 Herder 1790, S. 271; Hervorhebung im Original; vgl. auch Welsch 1994, S. 86.

85 Johann Gottfried Herder: Auch eine Philosophie der Geschichte zur Bildung der Menschheit. Beytrag zu vielen Beyträgen des Jahrhunderts. Riga: Johann Friedrich Hartknoch, 1774. S. 56; Hervorhebung im Original; vgl. auch Welsch 1994, S. 88; 89; Wolfgang Welsch: Was ist eigentlich Transkulturalität? In: Lucyna Darowska / Thomas Lüttenberg / Claudia Machold (Hgg.): Hochschule als transkultureller Raum? Kultur, Bildung und Differenz in der Universität. Bielefeld: transcript Verlag, 2010. S. 39–66, hier S. 41.

86 Welsch 1994, S. 88; vgl. auch Welsch 1995, S. 39.

87 Vgl. Welsch 1994, S. 89–90; 94; Welsch 1995, S. 40.

[...] alles was mit meiner Natur noch gleichartig ist, was in sie *aßi-milirt* werden kann, beneide ich, strebs an, mache mirs zu eigen; *dar-über hinaus* hat mich die gütige Natur mit *Fühllosigkeit, Kälte* und *Blindheit* bewaffnet; – sie kann gar *Verachtung* und *Eckel* werden – hat aber nur zum Zweck, mich *auf mich selbst* zurückzustoßen, mir auf *dem Mittelpunkt* Gnüge zu geben, der mich trägt. Der Grieche macht sich so viel vom Aegypter, der Römer vom Griechen zu eigen, als er für sich braucht: er ist *gesättigt,* das übrige *fällt zu Boden* und er strebts nicht an! Oder wenn in dieser Ausbildung der Na-tionalneigungen zu eigner Nationalglückseligkeit der *Abstand zwi-schen Volk und Volk* schon zu weit gediehen ist: siehe, wie der Aegyp-ter den Hirten, den Landstreicher *hasset*! wie er den leichtsinnigen Griechen *verachtet*! So jede zwo Nationen, deren Neigungen und Kreise der Glückseligkeit *sich stoßen* – man nennts *Vorurtheil*! Pöbeley! eingeschränkten *Nationalism*! Das Vorurtheil ist gut, zu seiner Zeit: denn es macht *glücklich*. Es drängt Völker zu ihrem *Mittelpunkte* zu-sammen, macht sie fester auf ihrem *Stamme*, blühender *in ihrer Art,* brünstiger und also auch glückseliger in ihren *Neigungen* und *Zwe-cken.* Die unwissendste, vorurtheilendste Nation ist in solchem Be-tracht oft die erste: das Zeitalter fremder Wunschwanderungen, und ausländischer Hoffnungsfahrten ist schon *Krankheit, Blähung, unge-sunde Fülle, Ahndung des Todes!*[88]

Das Konzept der Interkulturalität, dem zufolge Kulturen festgesetzte und abgegrenzte Größen darstellen, die jeweils von ihrer inselartigen Ba-sis aus interagieren, speist sich weiterhin – wie bewusst es sich der Ge-fahr des Vorurteils auch ist – von einer ähnlichen Vorstellung. Das heißt auch: Solange Kulturen als solche Inseln oder Kugeln aufgefasst werden, kann es kein Verschmelzen oder Zusammenwachsen geben, sondern nur Reibungen und Zusammenstöße. Das Konzept der Interkulturalität sucht zwar nach Wegen zu Dialog, Respekt und Toleranz zwischen den Kul-turen, aber es bleibt blind vor den eigentlichen Ursachen der interkul-turellen Probleme und Konflikte. Denn diese Probleme und Konflikte entspringen genau der Vorstellung, Kulturen seien tatsächlich wie Inseln oder Kugeln: isoliert, homogen, monolithisch, geschützt und einzigartig. »Die Misere des Konzepts der Interkulturalität«, so Welsch, »rührt daher, daß es die Prämisse des traditionellen Kulturbegriffs unverändert mit sich fortschleppt«.[89] Es ist das Konzept der Interkulturalität selbst, das, dem

---

88 Herder 1774, S. 57–58; Hervorhebung im Original; vgl. auch Welsch 1994, S. 89–90; 112, Anm. 17; Welsch 2010, S. 41–42.
89 Welsch 1995, S. 40; vgl. auch Welsch 1994, S. 94.

traditionellen Kulturverständnis weiterhin treu bleibend, seinen eigenen Zielvorgaben im Wege steht.

Das Konzept der Multikulturalität weist das gleiche Problem auf. Auch dieses Konzept bleibt im Grunde dem traditionellen Kulturverständnis verhaftet, indem es neben der Vielfalt von Kulturen auch die Schranken zwischen den Kulturen betont. Es plädiert für Akzeptanz, Austausch und Toleranz deshalb, weil es Kulturen als in sich homogene Entitäten, die sich innerhalb einer Gemeinschaft inselartig bzw. kugelhaft zueinander verhalten, voraussetzt. Welsch argumentiert, dass die Vorstellung von Kulturen als Inseln oder Kugeln nicht nur »deskriptiv falsch«, sondern auch »normativ irreführend« sei.[90] Die klassische Vorstellung von in sich einheitlichen und nach außen hin abgegrenzten Nationalkulturen wird den veränderten Bedingungen, unter denen die modernen Kulturformationen vonstatten gehen, nicht mehr gerecht. Kulturen sind heute hybrid (wie das zukunftweisende Antriebssystem für Automobile), miteinander verflochten, ineinander durchdrungen, in sich heterogen und von äußerster Vielfalt, wie auch Said, wie vorhin zitiert, behauptet. Welsch formuliert es zugespitzt: »Wir sind kulturelle Mischlinge. Die kulturelle Identität der heutigen Individuen ist eine patchwork-Identität«.[91]

Natürlich ist es uns an dieser Stelle gestattet, kritisch zu hinterfragen, ob die Realität von Kulturen tatsächlich so beschaffen ist, wie Said, Welsch und viele andere Kulturtheoretiker uns nahe legen. Denn einiges können wir nicht leugnen: Es gibt Kulturen, in denen wir uns wohl und zu Hause fühlen; es gibt Kulturen, die wir als anders und fremd empfinden; und es fällt uns nicht schwer, eindeutige Unterschiede zwischen der einen und der anderen Kultur zu erkennen und zu benennen. Aber wir können noch einen Schritt weitergehen und hinterfragen, ob diese von uns so wahrgenommene Realität nicht durch die wohlfeilen Konzepte, mit denen wir gedanklich operieren, in unseren Köpfen produziert wird. Man denke z. B. an Schlagworte wie ›Leitkultur‹, ›Parallelgesellschaft‹ oder ›Kampf der Kulturen‹: Sie kursieren als Träger von Denkmustern, die weniger gegebene Tatsachen beschreiben als vielmehr gewünschte oder gefürchtete Zustände herstellen. Das heißt: Wenn wir in anderen Kategorien und nach anderen Maßstäben denken, so wird sich auch die Realität, die wir emotional wie kognitiv wahrnehmen, verän-

---

90 Vgl. Welsch 1994, S. 95; Welsch 1995, S. 40.
91 Welsch 2010. S. 46; vgl. auch Welsch 1994, S. 98; Welsch 1995, S. 43.

dern. Mit Welschs Worten: »[…] die ›Realität‹ von Kultur [ist] immer
auch eine Folge unserer Konzepte von Kultur«.[92]

Das Konzept, das Welsch als Gegenkonzept zur traditionellen Vorstellung von Kulturen vorschlägt, ist das Konzept der Transkulturalität.
Dieses Konzept geht von der historischen wie gegenwärtigen Beobachtung aus, dass Kulturen in sich uneinheitlich und nach außen hin grenz-
überschreitend sind. Die zentralen Etappen auf dem Weg dazu führen
von Herders Gedanken über die Entfaltung der Humanität über Johann
Wolfgang Goethes Konzeption der Weltliteratur bis Friedrich Nietz-
sches Aussagen zu Mischung von Kulturen und »Verschmelzung der
Nationen«,[93] und der pragmatische Kulturbegriff von Ludwig Wittgen-
stein, der nicht auf ethnischen Fundamenten, sondern auf gemeinsamen Lebensformen gründet, dient als exzellente Grundlage dazu.[94] Mit
dem Konzept der Transkulturalität hat Welsch jener neueren Kulturvorstellung, die einer Reihe von Literatur- und Kulturwissenschaftlern wie
den vorhin zitierten vorschwebte, einen prägnanten Ausdruck verliehen.
Im Zuge der Globalisierung und Migration sind die modernen Kulturen
nach innen hin pluralisiert, nach außen hin frei und offen, in ständiger
Bewegung und endlosem Austausch. Eine rigorose Trennung zwischen
Eigenem und Fremdem besteht nicht mehr, sondern man findet Eigenes
in Fremdem und Fremdes in Eigenem wieder.

Welschs Vorstoß ist in der kulturtheoretischen Fachwelt wie in der
interessierten Öffentlichkeit nicht nur auf begrüßende Aufnahme, sondern auch auf vehemente Kritik gestoßen. Ihm werden u. a. eine ein-
seitige bis verzerrende Vereinnahmung von Herder und Goethe um der
Kreation seines Konzeptes willen[95] sowie eine terminologische und argu-
mentative Vernebelung im Sinne postmodernistischer und kulturrelativis-
tischer Rhetorik[96] vorgeworfen. Dabei muss man Welsch zugute halten,

---

92   Welsch 1994, S. 107.
93   Friedrich Nietzsche: Menschliches, Allzumenschliches. Kritische Studienausgabe.
     Herausgegeben von Giorgio Colli und Mazzino Montinari. München: dtv, 1999.
     S. 309.
94   Vgl. Welsch 1994, S. 101–106; Welsch 1995, S. 43.
95   Vgl. Anne Löchte: Johann Gottfried Herder. Kulturtheorie und Humanitätsideen
     der *Ideen, Humanitätsbriefe* und *Adrastea*. Würzburg: Königshausen & Neumann,
     2005. S. 128–139; Lutz Götze: Multikulturalismus, Hyperkulturalität und Interkultu-
     relle Kompetenz. In: Informationen Deutsch als Fremdsprache 36/4 (2009), S. 325–
     333, hier S. 328–329.
96   Vgl. Norbert Mecklenburg: Das Mädchen aus der Fremde. Germanistik als interkul-
     turelle Literaturwissenschaft. München: iudicium Verlag, 2008. S. 95.

dass er, unter Berufung auf die französischen Philosophen Gilles Deleuze und Félix Guattari, die Aufgabe der Philosophie gerade darin sieht, (neue) Konzepte zu kreieren.[97] Welsch ist es nicht darum zu tun, Herder, Goethe und Nietzsche jeweils im Ganzen ideengeschichtlich festzulegen, sondern darum, Teile ihrer Ideen für ein zeitgemäßes Verständnis und eine symbiotische Zukunft der Kulturen zu operationalisieren. Die Konzepte, die in diesem Sinne vorgeschlagen werden, sollen »in unserer Situation pragmatisch weiterführend« und »nicht nur deskriptiv adäquat, sondern auch normativ – im Blick auf ihre Folgen – verantwortbar«[98] sein. Insofern kann die Kritik, die in erster Linie deskriptive Mängel bei Welsch aufspüren will, nur begrenzte Gültigkeit beanspruchen.

Welschs in erster Linie normativ motivierte Selektion und Zitierung von Quellen zeigen sich in der Art und Weise, wie er eine Passage aus Carl Zuckmayers Drama *Des Teufels General* (1946) als Beispiel von historischer Transkulturalität anführt, paradigmatisch. Bei der Passage handelt es sich um einen erdichteten Dialog aus der NS-Zeit. Der junge Fliegeroffizier Hartmann wirkt während eines geselligen Abends in einem Berliner Restaurant im Spätjahr 1941 merkwürdig verschlossen. Waltraut von Mohrungen, genannt Pützchen, hat die Verlobung mit ihm aufgekündigt. Von General Harras nach den Gründen der Entlobung gefragt, gesteht Hartmann stockend: »Wegen einer Unklarheit in meinem Stammbaum, Herr General. Meine Familie kommt nämlich vom Rhein«.[99] Darauf erwidert Harras schlagfertig:

Vom Rhein. Von der großen Völkermühle. Von der Kelter Europas! *Ruhiger* Und jetzt stellen Sie sich doch mal Ihre Ahnenreihe vor – seit Christi Geburt. Da war ein römischer Feldhauptmann, ein schwarzer Kerl, braun wie ne reife Olive, der hat einem blonden Mädchen Latein beigebracht. Und dann kam ein jüdischer Gewürzhändler in die Familie, das war ein ernster Mensch, der ist noch vor der Heirat Christ geworden und hat die katholische Haustradition begründet. – Und dann kam ein griechischer Arzt dazu, oder ein keltischer Legionär, ein Graubündner Landsknecht, ein schwedischer Reiter, ein Soldat Napoleons, ein desertierter Kosak, ein

97 Vgl. Welsch 1994, S. 122, Anm. 83; Welsch verweist seinerseits auf Gilles Deleuze / Félix Guattari: Qu'est-ce que la philosophie? Paris: Éditions de Minuit, 1991. S. 10.
98 Welsch 1994, S. 107.
99 Carl Zuckmayer: Gesammelte Werke in Einzelbänden. Herausgegeben von Knut Beck und Maria Guttenbrunner-Zuckmayer. Des Teufels General. Theaterstücke 1947–1949. Frankfurt a. M.: Fischer, 1996. S. 66.

Schwarzwälder Flözer, ein wandernder Müllerbursch vom Elsaß, ein dicker Schiffer aus Holland, ein Magyar, ein Pandur, ein Offizier aus Wien, ein französischer Schauspieler, ein böhmischer Musikant – das hat alles am Rhein gelebt, gerauft, gesoffen und gesungen und Kinder gezeugt – und – und der Goethe, der kam aus demselben Topf, und der Beethoven, und der Gutenberg, und der Matthias Grünewald, und – ach was, schau im Lexikon nach. Es waren die Besten, mein Lieber! Die Besten der Welt! Und warum? Weil sich die Völker dort vermischt haben. Vermischt – wie die Wasser aus Quellen und Bächen und Flüssen, damit sie zu einem großen, lebendigen Strom zusammenrinnen. Vom Rhein – das heißt: vom Abendland. Das ist natürlicher Adel. Das ist Rasse.[100]

Können wir hier von Transkulturalität *par excellence* sprechen? Harras' eloquente Offenheit gegenüber der ethnischen Vielfalt am Rhein relativiert sich angesichts ihrer expliziten Beschränkung auf das Abendland. Welsch weiß diese Crux elegant zu umgehen, indem er die Passage minimal zurechtschneidet. Das bei ihm wiedergegebene Zitat ist um ein Weniges kürzer: Es endet mit den »Wasser[n]« als Gleichnis von den Völkern, die »zu einem großen, lebendigen Strom zusammenrinnen«.[101] Welschs Verwendung der Passage mag in philologischer Hinsicht bedenklich sein; in philosophischer Hinsicht – im Sinne einer normativen Vision – ist sie verzeihlich. Um im Anschluss daran sagen zu können, dass eine realistische Einschätzung der eigenen Heterogenität »die Homogenitätsfiktion« durchstoße und »die separatistische Vorstellung von Kultur« verabschiede,[102] muss Welsch die Passage von jeder Spur eines potentiellen »gesamteuropäischen Chauvinismus«[103] reinigen.

Welsch erklärt zwar vorab, er habe mit seiner These von der transkulturellen Verfassung der Kulturen zuvörderst »Kulturen westlichen Typs im Auge«,[104] doch zugleich beteuert er, dass das Konzept der Transkulturalität nicht nur auf diese, sondern auch auf andere Kulturen zutreffe – »wie weit sie auch im Osten angesiedelt sein mögen, vom Osteuropa bis Japan«.[105] Auch wenn Welschs abschließende Zeitdiagnose, nach der »auch andere Kulturen zunehmend zu Kulturen westlichen Typs

---

100 Zuckmayer, S. 67.
101 Welsch 2004, S. 93; Welsch 2005, S. 42.
102 Welsch 2004, S. 93.
103 Adorno, S. 276.
104 Welsch 2004, S. 84.
105 Welsch 2004, S. 108.

werden«[106] sollen, nicht unbedingt geopolitisch korrekt formuliert ist, bleibt der universale Anspruch seines Konzeptes von jeglicher hegemonialen Absicht unberührt. Im Gegenteil: Die Rede von *der* europäischen Kultur erzeugt in Welschs Augen nur eine Kulturfiktion.[107]

Schließlich findet die hohe Theorie auch im banalen Alltag ihre Entsprechung: Wer geht nicht gerne chinesisch, griechisch oder türkisch essen? Wer trägt nicht gerne Kleidung oder Schuhe nach neuester französischer oder italienischer Mode? Wir sehen US-amerikanische Filme, wir hören lateinamerikanische Sänger, unsere Wohnräume sind mehr oder weniger mit schwedischen Möbeln ausgestattet oder vielleicht im Feng-Shui-Stil eingerichtet, und lesen wir nicht Literatur, auch wenn in Übersetzungen, aus der ganzen Welt? Bezogen auf den schulischen Alltag bedeutet dies, dass die Transkulturalität, im Sinne von innerem Nebeneinander von Kulturen, kein Primat von Schülerinnen und Schülern mit Migrationshintergrund sein muss. Damit ist nicht nur der Umstand gemeint, dass auch Schülerinnen und Schüler ohne Migrationshintergrund gerne koreanischen Kampfsport treiben, mit einer japanischen Spielkonsole spielen oder vielleicht sogar ein finnisches Handy besitzen. Entscheidend für die Transkulturalität von Schülerinnen und Schülern ohne Migrationshintergrund sind vielmehr die Austausch- und Transferprozesse im schulischen Alltag, in denen durch Kontakte mit als kulturell ,anders' wahrgenommenen Mitschülerinnen und -schülern ihre inneren Türen im Idealfall so weit aufgestoßen werden, bis die empfundenen kulturellen Differenzen in gemeinsamen Übergangsbereichen aufgehen. Auch Schülerinnen und Schüler ohne Migrationshintergrund können in solchen Momenten erleben, wie das vermeintlich Andere und Fremde in sie einbricht und gleichsam subkutan eine kulturelle Vielfalt erzeugt. Es gibt keine monokulturellen Schülerinnen und Schüler in der Einwanderungsgesellschaft.

Für ein friedliches und respektvolles Zusammenleben in der Gesellschaft, in der wir heute leben, wird es auf die Fähigkeit des Einzelnen ankommen, die individuelle Transkulturalität anzunehmen und sich so

---

106 Welsch 2004, S. 108.
107 Welsch 2004, S. 93; vgl. auch Jitendra N. Mohanty: Den anderen verstehen. In: Ram Adhar Mall / Dieter Lohmar (Hgg.): Philosophische Grundlagen der Interkulturalität. Amsterdam/Atlanta: Rodopi, 1993 (= Studien zur interkulturellen Philosophie 1). S. 115–122, hier S. 117; 118.

der gesellschaftlichen Transkulturalität zu stellen. Das sind neue Herausforderungen, und das bedeutet neue Erziehungsaufgaben.

Viertes Kapitel

Diversity, Intersektionalität, transkulturelle Kompetenz

> Die Geschichte ist jedenfalls zeitlich, und wenn man
> die ursprüngliche Gestalt der geschichtlichen Welt
> vorläufig mit Hilfe der Struktur der Zeit denkt, las-
> sen sich in ihr verschiedene Kulturen, die ihren
> Schwerpunkt in je anderer Richtung besitzen, den-
> ken. Diese Kulturen bilden, indem sie sich gegensei-
> tig ergänzen, die Weltkultur.[108]
>
> Kitarō Nishida, *Wissenschaftliche Methodik*

Um den analytischen Ansprüchen der Wissenschaft zu genügen und
Probleme und Lösungen idealtypisch beschreibbar und begreifbar zu
machen, muss die Interkulturelle Kommunikation bis zu einem gewissen Grade notwendig kulturalisieren. Eine Erziehung, die sich den Herausforderungen einer durch Transkulturalität gekennzeichneten Gesellschaft stellen will – wir nennen sie transkulturelle Erziehung –, hat dies
nicht nötig. In ihr geht es um einzelne Individuen, die sich noch im Prozess der Persönlichkeitsbildung befinden und stets mit Identitätsangeboten mannigfaltigster Art – nicht nur kultureller, sondern auch subkultu-
reller Art – konfrontiert sind. Schülerinnen und Schüler brauchen keine
Schemata aus der Vergangenheit; sie brauchen vielmehr Orientierung für
hier und jetzt. Es hängt von ihrem Verständnis von Kulturen heute ab,
wie der Wandel von Kulturen morgen aussehen wird.

Der Begriff »transkulturelle Erziehung« ist nicht neu. Der Erzie-
hungssoziologe Traugott Schöfthaler brachte 1984 vor dem Hintergrund
der zunehmenden Globalisierungs- und Migrationsprozesse der 1980er
Jahre multikulturelle und transkulturelle Erziehung in Vorschlag.[109]

---

108 Kitarō Nishida: Wissenschaftliche Methodik (1937). Übersetzung von Rolf Elberfeld. In: polylog 10/11 (2004), S. 67–72, hier S. 71.
109 Vgl. Traugott Schöfthaler: Multikulturelle und transkulturelle Erziehung: Zwei Wege
zu kosmopolitischen kulturellen Identitäten. In: International Review of Education
30/1 (1984), S. 11–24

Doch praktische Auswirkungen blieben, trotz der lebhaften Debatte um Welschs Konzept während der 1990er und 2000er Jahre in den Sozial- und Kulturwissenschaften, weitgehend aus. Die Erziehungswissenschaft- lerin Katrin Hauenschild stellte 2005 fest, dass »das Konzept der Trans- kulturalität [...] noch nicht Eingang in die einschlägigen Ansätze zur interkulturellen Pädagogik gefunden« habe und in puncto transkulturel- ler Erziehung »umfassende Studien«, »forschungsgestützte Erkenntnisse« und »folgenreiche Impulse« fehlten.[110] Der unausbleibliche Einfluss der Interkulturellen Kommunikation auf die Entwicklung der Interkulturel- len Pädagogik erwies sich indes weniger als ein Segen als vielmehr als ein Verhängnis.[111]

Ansätze und Konzepte der Interkulturellen Kommunikation führen Lehrerinnen und Lehrer in eine Kulturalismusfalle. Sie konfrontieren Schülerinnen und Schüler nicht mit *grenzüberschreitenden* Identitätsan- geboten, die realitätskonformer und zukunftsfähiger sind, sondern mit *grenzziehenden* Identitätsangeboten, die aus der Vergangenheit stammen und wenig positive Früchte gezeitigt haben. Die Ansätze und Konzepte, die für die transkulturelle Erziehung Erfolg versprechen, sind meines Er- achtens Diversity, Intersektionalität und transkulturelle Kompetenz.

Welche neuen Ansätze kommen in diesen Konzepten zum Ausdruck? Die Konzepte sind nicht einfach vom Himmel gefallen. Wir gelangen zu ihnen mit einer gewissen Folgerichtigkeit, indem wir einige Begriffe und Konzepte, die man heute in entsprechenden Kontexten ungefähr zu ver- stehen vermeint, auf ihre historischen Prämissen bzw. ihren historischen Wandel hin hinterfragen.

Integration versus Diversity

Der Begriff »Integration« wird in jüngerer Zeit, parallel zur sozialen In- tegration im gesellschaftspolitischen Sinne, auch in Zusammenhang mit der schulischen Erziehung zunehmend im Sinne von »Integration von

---

110 Vgl. Katrin Hauenschild: Transkulturalität – eine Herausforderung für Schule und Lehrerbildung. In: www.widerstreit-sachunterricht.de 5 (2005); verfügbar in: <http://www.widerstreit-sachunterricht.de/ebeneI/didaktiker/hauen/transkult.pdf>. S. 3; 6.

111 Vgl. dazu den Abschnitt »Kritik der ›Interkulturellen Pädagogik‹« in Isabell Diehm / Frank-Olaf Radtke: Erziehung und Migration. Eine Einführung. Stuttgart/Berlin/Köln: Kohlhammer, 1999. S. 146–153.

Schülerinnen und Schülern mit Migrationshintergrund« gebraucht. In nichtoffiziellen und halboffiziellen Quellen im Internet wird man die Hülle und Fülle fündig, aber auch an mehr oder weniger offiziellen Beispielen mangelt es nicht. Man denke etwa an das Projekt »Perach hilft Fünftklässlern bei der schulischen Integration« der Städtischen Hauptschule Werthstraße in Duisburg, das im bundesweiten Wettbewerb um den Hauptschulpreis 2003 im Rahmen der Initiative Hauptschule mit dem fünften Preis ausgezeichnet wurde.[112] Im Rahmen dieses Projektes wird Schülerinnen und Schülern mit Migrationshintergund, die in der fünften Klasse Lern- und Sprachprobleme aufweisen, jeweils ein Pate – genannt »Perach« (hebräisch »Sonnenblume«) – aus der gymnasialen Oberstufe zur Seite gestellt. Der Perach hat in der Regel den gleichen Migrationshintergrund und kann damit gezielte Unterstützung und Hilfestellung bieten.[113]

Das Projekt an sich mag – abgesehen davon, dass es Schülerinnen und Schüler mit Migrationshintergrund in bester Absicht dazu einlädt, ihre Probleme nicht in Interaktion mit Schülerinnen und Schülern ohne Migrationshintergrund, sondern unter sich selbst zu lösen – bewundernswert und fruchtbringend sein; die pädagogische wie politische Korrektheit der Wortwahl »schulische Integration« ist in jedem Fall fragwürdig. Denn über eines muss man sich im Klaren sein: Schulische Integration meint in der Pädagogik traditionell die Integration von Schülerinnen und Schülern mit Behinderungen. Durch gemeinsamen Unterricht mit nichtbehinderten Schülerinnen und Schülern soll die schulische Integration Schülerinnen und Schülern mit Behinderungen ein selbstverantwortliches Lernen ermöglichen. In einem integrativen und kooperativen Klima, in dem die Leistungsstärkeren den Leistungsschwächeren helfen, die Leistungsschwächeren von der gebotenen Hilfe und die Leistungsstärkeren von der geleisteten Hilfe profitieren, sollen einerseits auf beiden Seiten höhere Lerneffekte erzielt und soziale Kompetenz entwickelt, andererseits Segregation und Ghettoisierung von Schülerinnen und Schülern mit Behinderungen verhindert werden.

---

112 Vgl. Der Hauptschulpreis 2003. »Integration von Zuwandererkindern durch die Hauptschule – miteinander und voneinander lernen«. Preisträger, Projekte, Daten. Gemeinnützige Hertie-Stiftung und Robert Bosch Stiftung im Rahmen der Initiative Hauptschule. In: <http://www.hauptschulpreis.ghst.de/downloads/rueckblick/HS2003/dokumentation.pdf>. S. 67–68.
113 Vgl. Der Hauptschulpreis 2003, S. 68.

Dem unreflektierten Gebrauch des Begriffes »Integration« sei zu bedenken gegeben: Es wäre fatal, die Frage der sozialen Integration mit
der Frage der schulischen Integration zu parallelisieren oder gar zu ver-
mengen. Die Erziehungswissenschaftlerin Isabell Diehm und der Erziehungswissenschaftler Frank-Olaf Radtke warnten 1999 im Rahmen ihrer
Kritik der »Interkulturellen Pädagogik« – neben der Kulturalisierung bzw.
Ethnisierung, die sogleich zu vertiefen sein wird – vor der Pädagogisierung bzw. Curricularisierung sozialer Probleme:

> »Interkulturelle Pädagogik« kann auch begriffen werden als ein Fall
> der *Pädagogisierung* sozialer Probleme, bevorzugt im Medium einer
> Erweiterung des Curriculums bzw. der Lehrpläne. Weil sich die Ge-
> sellschaft bzw. ihre politischen Repräsentanten auf Maßnahmen zur
> Herstellung von Rechts- und Chancengleichheit politisch nicht ei-
> nigen können, wird die Aufgabe an das Erziehungssystem delegiert
> bzw. es wird von dort eine Lösung offeriert [...]. Pädagogik steht
> dabei in der Gefahr, zur Ersatzhandlung für Versäumnisse der Po-
> litik, des Rechts oder der Verwaltungen zu werden. Hannah Arendt
> hat in diesem Zusammenhang davor gewarnt, daß Erwachsene ver-
> sucht sein könnten, die Probleme, die sie politisch nicht lösen kön-
> nen, auf den Schulhöfen ihrer Kinder auszutragen [...].[114]

Das Zwischenfazit, das Diehm und Radtke damals aus diesen Überlegungen zogen, scheint aus heutiger Sicht zwar etwas provokativ, aber kei-
neswegs überholt:

> Vor einem solchen Hintergrund wird deutlich, welch objektiv ver-
> klärende Rolle das Unterscheidungsmerkmal »Kultur«, das Konzept
> des »Multikulturalismus« und das Programm der »Interkulturellen
> Pädagogik« unter Bedingungen der rechtlichen Nicht-Anerkennung
> von Einwanderung und der Verweigerung von politischen Rech-
> ten bei der Reproduktion und Stabilisierung der ethnischen Ord-

---

114 Diehm/Radtke, S. 146–153, hier S. 149; Hervorhebung im Original; vgl. auch Franz
   Hamburger / Lydia Seus / Otto Wolter: Über die Unmöglichkeit, Politik durch
   Pädagogik zu ersetzen. In: Unterrichtswissenschaft 9/2 (1981), S. 158–167; Frank-
   Olaf Radtke: Zehn Thesen über die Möglichkeit und Grenzen interkultureller Erziehung. In: Klaus Beck / Hans-Georg Herrlitz / Wolfgang Klafki (Hgg.): Erziehung
   und Bildung als öffentliche Aufgabe. Analysen – Befunde – Perspektiven. Beiträge
   zum 11. Kongreß der Deutschen Gesellschaft für Erziehungswissenschaft vom 21.
   bis 23. März 1988 in der Universität Saarbrücken. Im Auftrag des Vorstandes herausgegeben von Klaus Beck, Hans-Georg Herrlitz und Wolfgang Klafki. Wein-
   heim/Basel: Beltz, 1988 (= Zeitschrift für Pädagogik, Beiheft 23). S. 50–56.

nung in und durch die Erziehungseinrichtungen spielen. Man kann alles so belassen, wie es ist und doch darauf verweisen, daß etwas für die »Integration« getan, Geld verausgabt und Engagement gezeigt wird.[115]

Die Rede von schulischer Integration in inkorrektem Bezug auf Schülerinnen und Schüler mit Migrationshintergrund stellt einen symptomatischen Fall für die Pädagogisierung der Probleme der sozialen Integration dar. Was einmal begrifflich vor sich gegangen ist, wird auch nicht vor der praktischen Umsetzung Halt machen. Zur gleichen Zeit legen die positiven Entwicklungen in der schulischen Integration von Schülerinnen und Schülern mit Behinderungen u. a. seit den 1970er Jahren umgekehrt nahe, besondere Behandlungen von Schülerinnen und Schülern mit Migrationshintergrund, so gut sie auch gemeint sein mögen, nicht zur Regel werden zu lassen.

Der Migrationsforscher Mark Terkessidis plädiert für »Diversity statt Integration«: Während es bei Integration darum geht, abweichende Gruppen in eine Normgruppe einzubinden, stehen bei Diversity die Individuen mit allen ihren Entwicklungsmöglichkeiten und Unverwechselbarkeiten im Mittelpunkt.[116] Der Begriff »Barrierefreiheit«, der sich traditionell auf die Zugänglichkeit und Benutzbarkeit von Einrichtungen und Gegenständen für alle Menschen, mit oder ohne Behinderungen, bezieht, wird bei Terkessidis – anders als bei der irrtümlichen Verwendung des Begriffes »Integration« im schulischen Zusammenhang – bewusst der herkömmlichen Referenz entkleidet und zudem offensiv zum »technische[n] Ziel« des Programmes »Interkultur« erklärt.[117] Anstatt die abweichenden Gruppen an die Normgruppe anzupassen, geht das Bemühen von Diversity dahin, die Rahmenbedingungen auf das gegebene Ganze auszurichten: »Bei Diversity geht es um das Haus der Zukunft«.[118]

---

115 Diehm/Radtke, S. 150.
116 Vgl. Mark Terkessidis: Diversity statt Integration. Kultur- und integrationspolitische Entwicklungen der letzten Jahre. In: Kulturpolitische Mitteilungen 123/4 (2008), S. 47–52, hier S. 51.
117 Vgl. Terkessidis 2008, S. 49; 51; Terkessidis 2010, S. 9.
118 Terkessidis 2008, S. 52.

Kulturalismus versus Intersektionalität

Kulturalismus meint, wie an früherer Stelle dargelegt wurde, die Überbetonung bzw. Überbewertung des Faktors ›Kultur‹ bei jeder Art von Differenzwahrnehmung. Eine solche Überbewertung des einen Faktors kann im Umgang mit Schülerinnen und Schülern mit Migrationshintergrund dazu führen, dass andere Faktoren wie soziale Schicht, Geschlecht, Religion, soziales Umfeld, sexuelle Orientierung etc. unterbelichtet oder ausgeblendet werden. Kultur wird so zu einer Passepartout-Erklärung für jegliches Problem, das die Schülerinnen und Schüler haben – eine Erklärung, die umso einleuchtender daherkommt, desto sichtbarer die kulturelle Andersmarkierung bei ihnen vorhanden ist. Daher nimmt es auch nicht wunder, wenn die Maßnahmen, die auf der kulturalistischen Erklärung basieren, häufig nicht greifen.

Der Bildungssoziologe Andreas Hadjar, die Sozialwissenschaftlerin Judith Lupatsch und die Erziehungswissenschaftlerin Elisabeth Grünewald-Huber weisen in ihrer Studie zu »Bildungsverlierer/-innen, Schulentfremdung und Schulerfolg« im Kanton Bern eindrücklich nach, dass die Schulentfremdung auf »eine Summe von Ressourcendefiziten« zurückzuführen sind – »ein Defizit in der möglichen Unterstützung durch die Lehrperson, eine negative Schuleinstellung der Peers sowie eine geringere Unterstützung durch die Eltern«.[119] Die wichtige Erkenntnis der Studie, »dass Migrantinnen und Migranten das höchste Risiko haben, zu den Bildungsverlierer/-innen zu gehören«,[120] besagt somit nichts anderes, als dass das Erziehungsumfeld von Migrantinnen und Migranten am meisten für die genannten Ressourcendefizite anfällig ist. Diese Defizite sind, wie sie in der Analyse der migrationsbedingten Bildungsungleichheiten stringent ausgeführt werden, weniger kultureller als vielmehr institutioneller, gruppendynamischer und milieuspezifischer Art.[121] Kulturalismus vernebelt die Sicht auf die eigentliche Problemlage.

Wenn man sich die theoretische Herkunft des Terminus »Kulturalismus« vergegenwärtigt, so wird man es merkwürdig finden, wie der Terminus sich im Laufe der Zeit zu einem Prinzip der Diskriminierung ent-

---

119 Andreas Hadjar / Judith Lupatsch / Elisabeth Grünewald-Huber: Bildungsverlierer/-innen, Schulentfremdung und Schulerfolg. In: Gudrun Quenzel / Klaus Hurrelmann (Hgg.): Bildungsverlierer. Neue Ungleichheiten. Wiesbaden: VS Verlag für Sozialwissenschaften, 2010. S. 223–244, hier S. 240.
120 Hadjar/Lupatsch/Grünewald-Huber, S. 240.
121 Vgl. Hadjar/Lupatsch/Grünewald-Huber, S. 226.

wickeln konnte. Der Begriff »Kulturalismus« bzw. *culturalism*, wie er 1980 vom jamaikanisch-britischen Soziologen und Kulturtheoretiker Stuart Hall eingeführt wurde, bezeichnete im Rückblick auf die 1960er Jahre die Gründerphase der so genannten Cultural Studies.[122] Diese interdisziplinär ausgerichtete Schule von Literatur- und Kulturwissenschaftlern aus dem Umfeld des 1964 an der University of Birmingham eingerichteten Centre for Contemporary Cultural Studies (CCCS) hatte sich in der Phase darum verdient gemacht, den bis dahin als elitär verstandenen Kulturbegriff zu demokratisieren und zu sozialisieren: Sie betrachtete nicht nur den gebildeten Bürger, sondern auch den Arbeiter als Träger der Kultur, weichte in der Folge den Gegensatz von Hochkultur und Subkultur auf und wandte sich immer stärker der Alltags- und Popkultur zu. Der Kulturalismus bzw. das kulturalistische Paradigma gründete in diesem Kontext auf der gelebten Erfahrung des autonomen Subjektes im breitesten Sinne des Wortes, während der Strukturalismus bzw. das strukturalistische Paradigma in einem weiteren Schritt die gelebte Erfahrung zu einer fremdbestimmten Struktur abstrahierte und so das kulturalistische Verständnis von Kultur nach und nach ablöste.[123] Der so verstandene Kulturalismus bildete gleichsam den Gegenbegriff zum Strukturalismus.

Der von diesem Kulturalismus eingeleiteten Demokratisierung und Sozialisierung der Kultur war ihrerseits eine Entkolonisierung von Kulturen vorausgegangen, die über die Jahrhunderte des Kolonialismus entweder als minderwertige oder aber als gar keine Kulturen gegolten hatten. Wenn etwa Freud 1913 im Vorwort zu seiner Studie *Totem und Tabu* (1912/1913) von »Kulturvölker[n]« spricht, so stellt er diese in Gegensatz zu jenen Völkern, die seinerzeit noch dem Totemismus anhängen[124] und in der damaligen »Völkerkunde« als »Naturvölker« bezeichnet werden.[125] Derselbe Gegensatz besteht an anderen Stellen zwischen »Kulturmenschen« und »Primitiven«.[126] Die Abschaffung der Sklaverei, die sich vom späten 18. Jahrhundert an allmählich durchzusetzen beginnt, ändert nichts an dem gut gemeinten Credo an die ›zivilisatorische‹ Mission des Kolonialismus. Selbst ein sozialkritischer Geist wie Victor Hugo spricht

---

122 Vgl. dazu Stuart Hall: Cultural Studies: Two Paradigms. In: Media, Culture & Society 2 (1980), S. 57–72.
123 Vgl. Hall 1980, S. 64–67.
124 Vgl. Freud, S. 292.
125 Vgl. Freud, S. 295; 350.
126 Vgl. Freud, S: 356; 412.

am 18. Mai 1879 auf einem Bankett zum Gedenken an die Abschaffung
der Sklaverei Worte wie diese:

> Was für ein Land ist dieses Afrika! Asien hat seine Geschichte,
> Amerika hat seine Geschichte, selbst Australien hat seine Geschich-
> te; Afrika hat keine Geschichte. Es ist von einer Art ausgedehnter
> und finsterer Sage umhüllt. /.../
> Ein neues Afrika schaffen, das alte Afrika für die Zivilisation
> nutzbar machen, das ist die Aufgabe. Europa wird sie lösen.[127]

Ethnische Gruppen, denen bis dahin jegliche Kultur im Sinne von Zivilisation und jegliche Geschichte im Sinne von Zivilisationsgeschichte
abgesprochen wurden, konnten erst ab Mitte des 20. Jahrhunderts nach
und nach ihre kulturellen Identitäten unter dem Zeichen der Gleichwer-
tigkeit manifestieren. Balibar markiert diesen Prozess mit dem Begriff
»anthropologische[r] Kulturalismus«.[128]

Es entbehrt nicht einer gewissen Ironie, dass ebendieser anthropologische Kulturalismus, der einstmals mit der Forderung nach Anerkennung
und Gleichberechtigung auftrat, mittlerweile gegen ihn selbst ausgespielt
wird: Wir sind nicht minderwertig, wir sind anders, hieß es damals; heute heißt es, ihr seid anders, also auch anders zu behandeln.[129] Der Kulturalismus der Cultural Studies, der die Demokratisierung und Sozialisierung des Kulturbegriffes in die Wege leitete, ist als Bezeichnung in ein
Denksystem übergegangen, das das vorhandene Machtgefälle nicht wirklich aufhebt, sondern nur anders codiert. Die vertikale Differenzierung
von Kulturen wird nur scheinbar aufgegeben, indem man eine horizonta-
le Differenzierung von Kulturen einführt, die darauf ausgerichtet ist, kulturelle Differenzen zu essentialisieren und so strukturelle Ungleichheiten
zu perpetuieren. In diesem Ensemble von gedanklichen und praktischen
Operationen besteht die Praxis der Kulturalisierung – »eine Verengung,

---

127 »Quelle terre que cette Afrique! L'Asie a son histoire, l'Amérique a son histoire,
l'Australie elle-même a son histoire; l'Afrique n'a pas d'histoire. Une sorte de lé-
gende vaste et obscure l'enveloppe. /.../ Refaire un Afrique nouvelle, rendre la vieille
Afrique mainable à la civilisation, tel est le problème. L'Europe le résoudra« (Victor
Hugo: Discours sur l'Afrique. In: Victor Hugo: Œuvres complètes de Victor Hugo.
Édition définitive d'après les manuscrits originaux. Actes et Paroles IV. Depuis l'exil:
1876–1885. Paris: Édition Hetzel-Quantin / L. Hébert / Alexandre Houssiaux,
1885. S. 121–129, hier S. 125; 128; Übersetzung von mir, A. T.).
128 Balibar/Wallerstein, S. 29.
129 Pierre-André Taguieff spricht hierbei von »*Retorsionseffekt* des differentiellen Rassismus« (Balibar/Wallerstein, S. 29; Hervorhebung im Original).

Vereinseitigung oder Überbetonung der Beschreibung sozialer Wirklichkeit/Probleme mit der Unterscheidung ›Kultur‹«.[130] Da in dieser Praxis die Kategorien von Ethnizität und Kultur sich ineinander verschränken, spricht man dabei auch von »Ethnisierung«.[131]

Der Politikwissenschaftler Claus Leggewie setzt die Ethnisierung in Zusammenhang mit ethnozentrischen »Strategien der Herkunftsversicherung«[132] und fasst ihre Praxis in drei Elementen zusammen. Leggewie zufolge kann

> Ethnisierung [...] bezeichnet werden als
> ▷ Vorgang der Verwandlung sozialstruktureller (Klasse, Schicht) oder soziokultureller Unterscheidungsmerkmale in herkunftsbezogene, womit
> ▷ häufig deren Naturalisierung und Biologisierung einhergeht und
> ▷ die herkömmlichen Termini »Rasse« und/oder »Nation« ersetzt werden.[133]

Der gegenwärtige Kulturalismus, der plurikausale Probleme in Schule und Gesellschaft mit Vorliebe kulturalisiert und ethnisiert, rückt in diesem Sinne in die Nähe des »›differentialistische[n]‹ Kulturalismus«,[134] der vor nicht langer Zeit in strukturelle Analogie zu rassistischen Denkweisen gebracht wurde. Der Hintergrund ist schnell erklärt. Aus dem Wurzelgeflecht theoretischer Auseinandersetzungen mit dem Problemkomplex von Zuwanderung und Diskriminierung, trotz der UN-Rassendiskriminierungskonvention von 1965, bildeten sich vor allem seit den 1980er Jahren in den angelsächsischen Ländern wie auch in Frankreich Positionen heraus, die die Entwicklung eines »Rassismus ohne Rassen«[135] konstatierten –

> eines Rassismus, dessen vorherrschendes Thema nicht mehr die biologische Vererbung, sondern die Unaufhebbarkeit der kulturellen Differenzen ist; eines Rassismus, der – jedenfalls auf den ersten Blick – nicht mehr die Überlegenheit bestimmter Gruppen oder

---

130 Diehm/Radtke, S. 147.
131 Diehm/Radtke, S. 147.
132 Claus Leggewie: Die Aktualität ethnischer Konflikte. Ethnische Spaltungen in demokratischen Gesellschaften. In: Zeitschrift für Kulturaustausch 45/1 (1995), S. 45–50, hier S. 46.
133 Leggewie, S. 46.
134 Balibar/Wallerstein, S. 70.
135 Balibar/Wallerstein, S. 28; vgl. auch S. 31.

Völker über andere postuliert, sondern sich darauf »beschränkt«, die Schädlichkeit jeder Grenzverwischung und Unvereinbarkeit der Lebensweisen und Traditionen zu behaupten.[136]

Der französische Philosoph und Politologe Pierre-André Taguieff sprach in diesem Kontext von differentialistischem Rassismus;[137] Balibar selbst sah in den 1980er Jahren einen »Neo-Rassimus« bzw. »Post-Rassimus« auf dem Vormarsch.[138]

Der Gedanke, dass unter den veränderten Zeichen der Zeit ein ›kultureller Rassismus‹ an die Stelle des biologischen Rassismus trete, wurde bereits in den 1950er Jahren zur Sprache gebracht. Der martiniquanische Psychiater und Schriftsteller Frantz Fanon wies am 20. September 1956 in seiner Rede *Rassismus und Kultur* (Racisme et Culture) auf dem ersten Kongress der schwarzen Schriftsteller und Künstler in der Sorbonne in Paris auf die eigenartige Transformation des Rassismus hin:

> Dieser Rassismus, der rational, individuell, genotypisch und phänotypisch determiniert sein will, verwandelt sich in kulturellen Rassismus. Der Gegenstand des Rassismus ist nicht mehr der partikulare Mensch, sondern eine bestimme Lebensform. Im äußersten Fall spricht man von Botschaft, von kulturellem Stil. Die »westlichen Werte« schließen sich eigenartigerweise dem bereits berühmten Aufruf zum Kampf des »Kreuzes gegen den Halbmond« an.[139]

Welsch greift diesen Gedanken über den Umweg über die am 22. März 1971 von dem französischen Anthropologen und Ethnologen Claude Lévis-Strauss vor der UNESCO gehaltene Rede *Rasse und Kultur* (Race et Culture) auf und wendet ihn gegen die traditionelle Vorstellung von Kulturen insgesamt:

---

136 Balibar/Wallerstein, S. 28.
137 Vgl. Balibar/Wallerstein, S. 28; 29; S. 36–37, Anm. 4.
138 Vgl. Balibar/Wallerstein, S. 14; vgl. auch S. 23–39.
139 »Ce racisme qui se veut rationnel, individuel, déterminé génotypique et phénotypique se transforme en racisme culturel. L'objet du racisme n'est plus l'homme particulier mais une certaine forme d'exister. À l'extrême on parle de message, de style culturel. Les ›valeurs occidentales‹ rejoignent singulièrement le déjà célèbre appel à la lutte de la ›croix contre le croissant‹« (Frantz Fanon: Racisme et Culture. In: Frantz Fanon: Pour une révolution africaine. Écrits politiques. Paris: La Découverte, 2001. S. 37–51, hier S. 40; Übersetzung von mir, A. T.).

Das klassische Kulturmodell ist – zugespitzt gesagt – seiner Struktur nach *kultur-rassistisch*. Ihm ist – mit dem Insel- bzw. Kugelaxiom – ein Typus von Rassismus eingebaut, der auch dort noch erhalten bleibt, wo man den biologisch-ethnischen Rassismus ablegt, also die jeweilige Kultur nicht mehr unter Rekurs auf ein Volkswesen definiert, sondern statt dessen zu definitorischen Substituten wie Nation oder Staat oder gar zirkulär – zu »Kulturnation« greift. Denn indem man dabei unverändert an der autonomistischen Form der Kultur festhält, vertritt man strukturell weiterhin eine Art von *kulturellem* Rassismus.[140]

Wir wollen es mit der strukturellen Analogie nicht auf die Spitze treiben. Schulpädagogische Bemühungen um und bildungspolitische Initiativen für einen differenzierten Umgang mit Schülerinnen und Schülern mit Migrationshintergrund sind im Grunde gut gemeint. Aber wir werden gut daran tun, uns zusammen mit einigen neueren Stimmen aus den Erziehungs- und Sozialwissenschaften gegen Kulturalismus und für Intersektionalität auszusprechen.

Das Konzept »Intersektionalität« bzw. *intersectionality*, wie es 1989 von der US-amerikanischen Genderforscherin Kimberlé W. Crenshaw vorgeschlagen wurde,[141] fordert zum einen, beim Betrachten von Differenzen die Differenzkriterien zu erweitern, und zum anderen, den Überlagerungen und Verschränkungen dieser Differenzkriterien Rechnung zu tragen.[142] Schülerinnen und Schüler stehen, wie alle anderen Menschen auch, am ›Schnittpunkt‹ (*intersection*) von mehreren Differenzkriterien wie Ethnizität, soziale Schicht, Geschlecht, Religion, soziales Umfeld, sexuelle Orientierung etc. Um der Intersektionalität der Schülerinnen und Schüler angemessene Wege des Umganges zu finden, sollten wir, anstatt die Schülerinnen und Schüler allein nach der Herkunft zu differenzieren, mehrere Differenzkriterien berücksichtigen und deren komplexes Zusammenspiel im Auge behalten.[143]

---

140 Welsch 1994, S. 90; Hervorhebung im Original; vgl. auch S. 113, Anm. 19.
141 Vgl. Kimberlé W. Crenshaw: Demarginalizing the Intersection of Race and Sex: A Black Feminist Critique of Antidiscrimination Doctrine, Feminist Theory and Antiracist Politics. In: D. Kelly Weisberg (ed.): Feminist Legal Theory. Foundations. Philadelphia: Temple University Press, 1993. S. 383–395.
142 Vgl. Rudolf Leiprecht / Helma Lutz: Intersektionalität im Klassenzimmer: Ethnizität, Klasse, Geschlecht. In: Rudolf Leiprecht / Anne Kerber (Hgg.), S. 218–234, hier S. 219.
143 Vgl. Leiprecht/Lutz, S. 221; vgl. auch Mecheril, S. 21–22.

Ein in dieser Hinsicht trotz ehrenwerten Bestrebens zu denken ge-
bendes Beispiel ist der von der Tobias-Mayer-Schule in Marbach am
Neckar angebotene »Intensivkurs für Kinder mit Migrationshintergrund in Klassenstufe 5«, der, ebenso wie das Projekt »Perach hilft Fünftklässlern bei der schulischen Integration« der Städtischen Hauptschule
Werthstraße in Duisburg, bei der Verleihung des Hauptschulpreises 2003
den fünften Preis erhielt.[144] Der Kurs richtet sich im Sinne der integrativen Sprachförderung an Schülerinnen und Schüler, die Deutsch nicht als
Muttersprache haben und zu Beginn der fünften Klasse als förderungsbedürftig eingestuft werden. Deutsche Schülerinnen und Schüler – so
förderungsbedürftig sie auch sein mögen – sind von vornherein von der
Teilnahme ausgeschlossen. Es ist bemerkenswert und problematisch zugleich, dass die Politik und die Wirtschaft eher kulturalistische als inter-
sektionale Projekte honorieren.

Der indische Ökonom und Philosoph Amartya Sen hat in den
2000er Jahren mit Blick auf die kulturalistisch aufgeladenen Spannungen
in der Welt die Wichtigkeit einer intersektionalen Sicht auf die mensch-
liche Wirklichkeit erneut hervorgehoben. In seinem Buch *Die Identitätsfalle* (Identity and Violence, 2006) räumt er mit der Illusion einer einzi-
gen Identität auf und weist auf die Realität einer pluralen Identität hin:

> Tatsächlich ist die Annahme, man könne Menschen ausschließlich
> aufgrund der Religion oder Kultur zuordnen, eine kaum zu unter-
> schätzende Ursache potentieller Konflikte in der heutigen Welt. Der
> darin enthaltene Glaube an die alles andere beherrschende Macht
> einer singulären Klassifikation kann die ganze Welt in ein Pulverfaß
> verwandeln. Oft wird die Welt ausschließlich als eine Ansammlung
> von Religionen (oder »Zivilisationen« oder »Kulturen«) betrachtet,
> unter Absehung von anderen Identitäten, welche die Menschen ha-
> ben und schätzen, darunter Klasse, Geschlecht, Beruf, Sprache, Wis-
> senschaft, Moral und Politik. Eine solche einseitige Einteilung löst
> mehr Konflikte aus als das Universum der pluralen und mannigfal-
> tigen Zuordnungen, welche die Welt prägen, in der wir heute le-
> ben. Der Reduktionismus der hohen Theorie kann, oft ungewollt,
> zur Gewalt der niederen Politik beitragen.[145]

---

144 Vgl. Der Hauptschulpreis 2003, S. 68–69.
145 Amartya Sen: Die Identitätsfalle. Warum es keinen Krieg der Kulturen gibt. Aus
    dem Englischen von Friedrich Griese. München: Beck, 2007. S. 10.

Die 2000er Jahre wurden in ihrem Anbruch von den Terroranschlägen vom 11. September 2001 in New York und Washington überrascht und erlebten im Gefolge die Wiederbelebung der umstrittenen These des US-amerikanischen Politikwissenschaftlers Samuel P. Huntington vom ›Kampf der Kulturen‹ aus den Jahren 1993 und 1996.[146] Im Rückblick markieren sie eine Periode gezeichnet von einer Reihe von kulturalistischen Entscheidungen und Handlungen in Politik und Gesellschaft. Crenshaws Forderung nach einer erweiterten und vielschichtigen Berücksichtigung von Differenzkriterien ist für die im Verlauf der 2000er Jahre verunsicherten Identitäten angezeigter denn je.

Critical Incident Technique versus transkulturelle Kompetenz

Critical Incidents bezeichnen im Bereich der interkulturellen Kommunikation und der Praxis des interkulturellen Training kritische Ereignisse oder Vorfälle in interkulturellen Situationen, aus denen typische – oder als typisch zu verstehende – Missverständnisse resultieren. Sie werden sowohl bei Heringer als auch bei Lüsebrink eingehend erläutert;[147] die bei Heringer zitierten Beispiele, hauptsächlich von Geschäftsleuten, sind exemplarisch für Critical Incidents.

Critical Incidents werden in Form von Episoden in Texte gefasst und Studierenden bzw. Trainingsteilnehmenden als Leseaufgaben gestellt. Im Anschluss an jeden Text stehen in der Regel in Form von Multiple Choice vier mögliche Erklärungen für den ›kritischen Vorfall‹. Die Studierenden bzw. Trainingsteilnehmenden werden nach der Lektüre des Textes aufgefordert, aus den vier Möglichkeiten die ihnen am wahrscheinlichsten erscheinende Erklärung zu wählen. Den Abschluss der Aufgabe bildet dann ein ausführlicher Kommentar, in dem der Hintergrund des Vorfalls ausgeleuchtet und die plausibelste Lösung präsentiert wird. Auf diesem Wege sollen Studierende und Trainingsteilnehmende

---

146 Vgl. dazu Samuel P. Huntington: The Clash of Civilizations? In: Foreign Affairs 72/3 (1993), S. 22–49; Samuel P. Huntington: Kampf der Kulturen. Die Neugestaltung der Weltpolitik im 21. Jahrhundert. Aus dem Amerikanischen von Holger Fließbach. München/Wien: Europaverlag, 1996. Für eine frühzeitig erschienene Gegenposition dazu siehe Harald Müller: Das Zusammenleben der Kulturen. Ein Gegenentwurf zu Huntington. Frankfurt a. M.: Fischer, 1998.
147 Vgl. Heringer, S. 218–221; Lüsebrink 2008, S. 31–33.

für fremdkulturelle Verhaltensmuster sensibilisiert, über eigenkulturelle Reaktionsmuster aufgeklärt und zu situationsgerechten Deutungsmustern hingeführt werden.

Wie hat sich diese didaktische Methode zu ihrer heutigen Gestalt entwickelt? Die Critical Incident Technique (CIT), die während der 1960er Jahre als Lernmethode in die Interkulturelle Kommunikation und das interkulturelle Training eingeführt wurde,[148] stammt ursprünglich – bemerkenswerterweise – aus dem Bereich der Luftfahrtpsychologie. Der US-amerikanische Psychologe John C. Flanagan entwickelte während des Zweiten Weltkrieges in Zusammenarbeit mit den United States Army Air Forces ein Ensemble von Verfahren zur Untersuchung von Arbeitsverhalten in der militärischen Luftfahrt. Durch die Verfahren, die Flanagan unter der Bezeichnung »Critical Incident Technique« zusammenfasste, sollten praktische Probleme, die die Flugzeugführer etwa bei der erstmaligen Bedienung von komplexen Steuerelementen im Cockpit erlebten, durch das Beobachten, Sammeln und Auswerten von kritischen Vorfällen analysiert und auf diese Weise adäquaten Lösungen zugeführt werden.[149]

Was einen indes erstaunt, ist: Der Transfer dieser Technik von der Luftfahrtpsychologie auf die Interkulturelle Kommunikation wird in der Regel als Glücksfall, aber selten als Problem dargestellt.[150] Dabei besteht zwischen den Critical Incidents in der Luftfahrtpsychologie und den Critical Incidents in der Interkulturellen Kommunikation ein fundamentaler Unterschied: Bei der ersteren geht es um den Umgang von Menschen mit Maschinen,[151] bei der letzteren um die Interaktion zwischen Menschen und Menschen. Maschinen können beherrschbar werden, indem man standardisierte Arbeitsabläufe erlernt und exemplarische Fehlverhalten vermeidet, aber können Menschen durch solche Verfahren verständlicher werden, ihre Verhalten kalkulierbar und ihre Reaktionen vorhersehbar? Die Natur der Maschinen bleibt stabil, aber die Kultur der Menschen ist stets in Bewegung.

---

148 Vgl. Sarah Apedaile / Lenina Schill: Critical Incidents for Intercultural Communi-
     cation. An Interactive Tool for Developing Awareness, Knowledge, and Skills. Fa-
     cilitator and Activity Guide. Edmonton: NorQuest College Intercultural Education
     Programs, 2008. S. 7.
149 Vgl. John C. Flanagan: The Critical Incident Technique. In: Psychological Bulletin
     51/4 (1954), S. 327–358.
150 Vgl. Heringer, S. 218–221.
151 Vgl. Heringer, S. 218–219.

An dieser Stelle darf, wie früher angekündigt, eines der zwei Beispiele aus Heringers Buch, die im Gegensatz zum großen Rest die Migration zum Thema haben, als Musterbeispiel für Critical Incidents angeführt werden. Es trägt die Überschrift

Leberschmerz

Lesen Sie den Text in Ruhe. Machen Sie Notizen.
Überlegen Sie: Was könnte Frau Y. fehlen?

Die 52jährige türkische Fabrikarbeiterin Y. kam vor 18 Jahren nach Deutschland. Sie liegt seit vier Tagen zur Beobachtung im Krankenhaus. Sie hat erst ihren Hausarzt, dann einen Internisten und einen Gynäkologen konsultiert, außerdem ließ sie sich bei ihrem letzten Aufenthalt in Istanbul von einem »berühmten Arzt« untersuchen und medikamentös behandeln. Nach der Rückkehr ging sie drei Monate beschwerdefrei ihrer Arbeit nach. Dann fingen die Symptome wieder an, ein junger Internist veranlasste die Einweisung ins Krankenhaus. Sie klagte über Oberbauchbeschwerden, ihre Leber sei nicht in Ordnung, sie könne die körperlich beschwerliche Arbeit in der Fabrik nicht mehr ertragen.
Die Untersuchung ergab keinen gravierenden Befund außer etwas zu niedrigem Blutdruck und körperlicher Auszehrung von schwerer Arbeit und sechs Geburten. Die Ärzte halten dies für ein typisches »Gastarbeiterfrauensyndrom« mit »hypochondrischer Fixierung«. In der Türkei verschwinden die Symptome. Sie schlagen ihr vor in die Türkei zurückzukehren.

Was erscheint Ihnen wahrscheinlich?
Erproben Sie ruhig mehrere Möglichkeiten.

☐ Der Erfolg medikamentöser Behandlung beweist: ein organisches Leiden.
☐ Wäre nicht eher an eine Migranten-Renten-Neurose zu denken?
☐ Frau Y. braucht ihre türkische Heimat um gesund zu werden.
☐ Die Ärzte haben übersehen, dass es ein psychisches Problem ist.[152]

Was mag dieses Beispiel besagen, und welche Erklärung soll am meisten einleuchten? Es bedarf nicht eines überragenden interkulturellen Gespürs, um die didaktisch zweckmäßigste, medizinisch plausibelste und

---

152 Heringer, S. 180; 229.

auch sonst politisch korrekteste Lösung zu identifizieren: »Die Ärzte haben übersehen, dass es ein psychisches Problem ist«. Diese Möglichkeit, die von Heringer als die wahrscheinlichste empfohlen wird, ist im Sinne des Lehrbuches ›richtig‹ und in jeder Hinsicht gut gemeint.

Heringer diagnostiziert die Leberbeschwerden von Frau Y. als »ein kulturspezifisches Krankheitssyndrom«.[153] Als Vergleichender Sprachwissenschaftler weiß er, dass das Wort »Leber« im Türkischen mit Leid, Schmerz und Trauer in Assoziation steht. So sagt man im Türkischen, jemandem die Leber verbrennen (*ciğerini yakmak*), und meint in etwa, jemandem das Herz zerreißen.[154] Solche Redensarten, in denen bestimmte Empfindungen mit bestimmten Körperteilen verknüpft werden, nennt man Somatismen. Sie variieren von Sprache zu Sprache, und können das körperliche Befinden in der jeweiligen Sprachwelt unterschiedlich beeinflussen.

Der Schlüssel zum Verständnis des Beispiels von Frau Y. liegt – so klärt uns Heringer auf – in dem Wort »Leberschmerz« (*ciğer acısı*), das im Türkischen für »Verlustschmerz« stehe:[155] Der »Leberschmerz [sei] typisch für einen Verlust, vor allem für ein verlorenes Kind«.[156] Damit gewährt uns Heringer einen hypothetischen Blick in die Anamnese von Frau Y.: Vielleicht hat sie einen ihr lieben Menschen, z. B. eine Tochter oder einen Sohn, verloren, und der Verlustschmerz macht sich über die Sprache in ihrem Körper bemerkbar.

Heringers Deutung der Leberbeschwerden von Frau Y. als »ein kulturspezifisches Krankheitssyndrom« öffnet einem die Augen; die sprachbasierte Erklärung ist aufschlussreich, einleuchtend und gut gemeint. Doch wenn wir uns mit ihr zufrieden geben, so sitzen wir erst recht in der Kulturalismusfalle. Die konzentrierte Beleuchtung von Sprache und Kultur verdunkelt die Ebene des gesunden Menschenverstandes. Sei es im Deutschen oder im Türkischen: Jeder halbwegs kompetente Sprecher weiß, dass Somatismen oder auch sonstige Redensarten in der Regel nicht wörtlich gemeint sind. Wer in Deutschland würde zum Arzt eilen, weil ihm »eine Laus über die Leber gelaufen« ist? Eine übertriebene Fixierung auf die Wörtlichkeit von Redensarten würde weniger auf ein kulturelles als vielmehr auf ein psychisches Problem hindeuten. Und das ist

---

153 Heringer, S. 230.
154 Vgl. Heringer, S. 179.
155 Vgl. Heringer, S. 179.
156 Heringer, S. 231.

im Beispiel von Frau Y. der Fall. Heringer lässt zu Recht die Möglichkeit, dass hier ein psychisches Problem vorliegt, als die plausibelste dastehen.[157] Soll es dennoch zugleich kulturspezifisch sein?

Die Ursache des Problems von Frau Y. ist nicht die Kultur. Die Kultur – oder genauer, die Sprache – verleiht dem Problem von Frau Y. das spezifische Gepräge – hier ist es die Leber und nicht etwa das Herz oder der Magen –; aber ausgelöst wurde das Problem durch eine Verlusterfahrung, die Frau Y. psychisch so sehr beansprucht, dass sie Redensart und Realität nicht mehr auseinander halten kann. Diese problematische Verwechslung von Redensart und Realität darf hier nicht als etwas an sich Kulturspezifisches aufgefasst werden. Doch die Versuchung ist da – ob man es will oder nicht –, solange die Fragestellung allein auf Kultur zielt.

Das gilt ebenso für Aufgaben und Übungen in der Schule. Kalpaka zeigt anhand des Beispiels »interkulturelles Frühstück«, warum ein gut gemeintes interkulturelles Projekt seine didaktischen Ziele verfehlen kann und wie eine ›entkulturalisierte‹ Alternative dazu aussehen könnte.[158] Um Kulturen einander näher zu bringen und Toleranz untereinander zu fördern, werden im Rahmen des Projektes »interkulturelles Frühstück« Schülerinnen und Schüler mit und ohne Migrationshintergrund dazu eingeladen, »das in ihren Herkunftsländern typische Frühstück« mitzubringen und über verschiedene Frühstücksgewohnheiten einander auszutauschen. Die Folgen sind die Selbstkulturalisierung bzw. Selbstexotisierung von Schülerinnen und Schülern, die ihre Herkunftsländer und -kulturen kaum kennen und dennoch den allgemeinen Erwartungen zu entsprechen suchen, und mithin die wechselseitige Kulturalisierung aller Schülerinnen und Schüler. Die pädagogisch angemessene Alternative würde Schülerinnen und Schüler schlichtweg danach fragen, was sie zu Hause frühstücken – dadurch »würde das angesprochen, was sie tatsächlich *tun* und nicht das, was sie als Vertreter/innen einer Nation erwartungsgemäß tun sollen«.[159] Alles in allem stellt Kalpaka fest: »Migrantinnen/Migranten als ›Kulturexperten ihrer Herkunftskultur‹: Das ist leider eine weit verbreitete Denkfigur«.[160] Terkessidis formuliert es mi kritischem Seitenblick auf blauäugige ›Multikulti‹-Konzepte empirisch aus:

---

157 Vgl. Heringer, S. 230.
158 Vgl. Kalpaka, S. 394–395.
159 Kalpaka, S. 395; Hervorhebung im Original.
160 Kalpaka, S. 403, Anm. 9.

Die alten »Multikulti«-Konzepte beinhalteten unter anderem die Tendenz, eine Person mit Migrationshintergrund stets dazu aufzufordern, ihre eigene Tradition zu repräsentieren, etwa das muslimische Mädchen in der Schule, das immer den Islam erklären muss. Oder es werden Menschen auf Rollen festgelegt, die ihre ›eigene Kultur‹ repräsentieren, obwohl sie oft von ihrer angeblichen Kultur gar nichts wissen können. Ich war z. B. als Kind in der Schule bereits der Fachmann für Griechenland, obwohl ich wegen der dort damals herrschenden Junta noch nie dort gewesen war. Das ging sogar so weit, dass ich als vermeintlicher Fachmann für die griechische Antike galt.[161]

Schülerinnen und Schüler gehen in die Schule, um zu lernen, was Kultur ist, was Sprache ist, was Denken ist – und nicht, um Auskunft zu geben über Dinge, von denen sie noch kaum etwas Sachliches oder Fachliches wissen können. Nichtbekanntes und Nichtvertrautes erklären, sach- und fachgerechte Auskunft geben, zwischen Vorstellung und Sachverhalt vermitteln – dazu sind die Lehrerinnen und Lehrer da.

Schülerinnen und Schüler brauchen, um es unter Anlehnung an Welsch zu formulieren, transkulturelle Kompetenz. Anstatt kulturfixierter Übungen, die der Diversity nicht gerecht werden und die Intersektionalität nicht beachten, die sich der ursprünglich auf Maschinen ausgerichteten Verfahren der Luftfahrtpsychologie bedienen, sind in der schulischen Erziehung kulturneutrale Übungen gefragt, in denen die Kulturen nicht von vornherein feststehen, sondern, im Zusammenspiel mit vielen anderen Faktoren, geformt und verändert werden können. Mithilfe von so konzipierten Übungen können Schülerinnen und Schüler in die Lage versetzt werden, Kulturen als dynamische Größen zu begreifen und selbst aktiv an deren Gestaltung teilzuhaben. Der Erwerb von transkultureller Kompetenz während des Prozesses der Persönlichkeitsbildung hat für Schülerinnen und Schüler große Vorteile: Sie können die »transkulturelle Binnenverfassung«[162] ihrer Lebenssphäre und Persönlichkeit frühzeitig entdecken, die gesellschaftlich vorgefertigten Wege der vermeintlich kulturellen Identitätsfindung als solche erkennen und entgegen den inneren wie äußeren kulturellen Zwängen eine »transkulturelle Übergangsfähigkeit«[163] entwickeln.

---

161 Terkessidis 2008, S. 50.
162 Welsch 1994, S. 106; vgl. auch Welsch 1995, S. 43.
163 Welsch 1994, S. 99; Welsch 1995, S. 43.

Fünftes Kapitel

Vorschläge zur Förderung von transkultureller Kompetenz

> Consider, as a final example, the attitude of contemporary American liberals to the unending hopelessness and misery of the lives of the young blacks in American cities. Do we say that these people must be helped because they are our fellow human beings? We may, but it is much more persuasive, morally as well as politically, to describe them as our fellow *Americans* – to insist that it is outrageous that an *American* should live without hope.[164]
>
> Richard Rorty, *Contingency, Irony, and Solidarity*

Anforderungen für interkulturelle Kompetenz von Unternehmenspersonal, aus betriebswirtschaftlichen Erwägungen, können folgende Merkmale umfassen: Ambiguitätstoleranz, Verhaltensflexibilität, Zielorientierung, Kontaktfreudigkeit, Einfühlungsvermögen, Polyzentrismus und metakommunikative Kompetenz.[165] Die Schulung des Personals in der aus den genannten Merkmalen zusammengesetzten Kompetenz würde die Chan-

---

164 »Betrachten wir noch ein letztes Beispiel, die Einstellung heutiger amerikanischer Liberaler gegenüber der unendlichen Hoffnungslosigkeit und dem Elend im Leben der jungen Schwarzen in amerikanischen Großstädten. Sagen wir, daß diesen Jugendlichen geholfen werden muß, weil sie unsere Mitmenschen sind? Mag sein, aber moralisch und politisch überzeugender ist es, sie als unsere *amerikanischen* Mitbürger zu bezeichnen – darauf zu insistieren, daß es empörend ist, wenn ein *Amerikaner* ohne Hoffnung lebt« (Richard Rorty: Kontingenz, Ironie und Solidarität. Übersetzt von Christa Krüger. Frankfurt a.M.: Suhrkamp, 1989. S. 308; Richard Rorty: Contingency, irony, and solidarity. Cambridge/New York: Cambridge University Press, 1989. S. 191; Hervorhebung im Original).
165 Vgl. Torsten M. Kühlmann (Hg.): Mitarbeiterentsendung ins Ausland. Auswahl, Vorbereitung, Betreuung und Wiedereingliederung. Göttingen: Verlag für Angewandte Psychologie, 1995; Kumbruck/Derboven, S. 6; vgl. auch Abb. 3.5 »Dimensionen interkultureller Handlungskompetenz« in Lüsebrink 2008, S. 77, zit. nach Jürgen Bolten: Interkultureller Trainingsbedarf aus der Perspektive der Problemerfahrungen entsandter Führungskräfte. In: Klaus Götz (Hg.): Interkulturelles Lernen / Interkulturelles Training. 4., verbesserte Auflage. München/Mering: Rainer Hampp, 2002. S. 61–80, hier S. 68.

cen entschieden erhöhen, weltweit Unternehmenserfolge zu erzielen. Allein die schulische Erziehung in der Einwanderungsgesellschaft sollte von anderen Interessen begleitet werden als solchen, die der internationalen Wirtschaftskooperation zugrunde liegen.

Erziehungserfolge erfordern transkulturelle Kompetenz. Diese zeigt sich weniger in schlagwortartig formulierbaren Persönlichkeits- und Fähigkeitsmerkmalen als vielmehr in konkreten Handlungen, die die Vermittlung eines transkulturellen Lebensgefühls gewährleisten. In diesem Sinne sind die vier Vorschläge, die nachfolgend unterbreitet werden sollen, nichts als ein paar Verben, die jedoch im Hinblick auf die traditionelle Vorstellung von Kulturen eine nachhaltige befreiende Wirkung versprechen dürfen.

Differenzieren statt polarisieren

Der erste Vorschlag plädiert für einen kultursensiblen und zugleich selbstkritischen Umgang mit Andersheit und Fremdheit. Differenzieren meint hier im ersten Schritt Differenzen in ihrem Entstehen und Bestehen annehmen und verstehen, ohne sie sogleich ästhetisch zu beurteilen oder moralisch zu bewerten; es meint betrachten ohne zu polarisieren, vergleichen ohne zu hierarchisieren.

Im anbrechenden Zeitalter des Kolonialismus erblickten die Europäer im Orient eine Gegenwelt mit gleichsam diametral entgegengesetzten Sitten und Gebräuchen. Das konnte auch in guter Absicht geschehen. Der italienische Jesuitenmissionar Alessandro Valignano etwa, der sich zwischen 1597 und 1603 dreimal in Japan aufhielt, wusste, wie er die eklatanten kulturellen Differenzen zwischen Europa und Japan am besten kognitiv verarbeiten konnte. So schrieb Valignano:

> Sie [die Japaner] haben Riten und Zeremonien, die von jenen aller anderen Nationen so verschieden sind, dass es scheint, sie versuchen absichtlich, jedem anderen Volk unähnlich zu sein. Die Dinge, die sie in dieser Hinsicht tun, sind jenseits der Vorstellung, und man darf wahrlich sagen, dass Japan die umgekehrte Welt von Europa ist.[166]

---

166 »They have rites and ceremonies so different from those of all other nations that it
    seems that they deliberately try to be unlike any other people. The things they do in

Dem Kunsthistoriker Aby Warburg, der 1896 zu Forschungszwecken mehrere Dörfer der Pueblo-Indianer im Südwesten der USA besuchte, fiel im Inneren eines Hauses in Oraibi die parallele Existenz der kultischen Holzfiguren, der so genannten Katcina-Puppen, und des Strohbesens merkwürdig auf. Warburg sah in dem Strohbesen ein »Symbol der eindringenden amerikanischen Kultur« und mithin einen »Gegensatz« zu den Katcina-Puppen.[167]

Solche gedanklichen Operationen bergen die Gefahr der Polarisierung in sich, und die Polarisierung kann, indem sie das Eigene gegenüber dem Fremden aufwertet, zur Hierarchisierung führen. So wurde nicht selten auch innerhalb Europas gegensätzlich und hierarchisch differenziert. In den Zeiten vor und zwischen den Weltkriegen versuchte man in Deutschland die Überlegenheit der deutschen ›Kultur‹ gegenüber der französischen ›Zivilisation‹ herauszustreichen, in Frankreich die französische *civilisation* gegen die deutsche *barbarie* auszuspielen. Die Folgen von solchen Denkweisen sind uns bekannt: Diskriminierung, Unterwerfung, gegenseitiger Hass und Waffengewalt.

Die gegenwärtig viel beschworene Formel »the West and the Rest« stellt ein prominentes Beispiel für eine undifferenzierte und vereinfachte Weltwahrnehmung dar, die zur Polarisierung und Hierarchisierung von Kulturen geradezu einlädt. Sie will besagen: Es gebe eine Bruchlinie zwischen den Kulturen, und es gebe führende und geführte Kulturen. Schülerinnen und Schüler, die zu solchen Denkweisen angeleitet werden, können falsche Überlegenheits- bzw. Minderwertigkeitsgefühle entwickeln, die weder der Persönlichkeits- noch der Gemeinschaftsbildung förderlich sind. Es wäre z. B. pädagogisch nicht unbedenklich, Schülerinnen und Schülern bedeutende historische Ereignisse oder kulturelle Errungenschaften, die als weltgeschichtliche Ereignisse und Errungenschaften der Menschheit gelten können, als abendländische Ereignisse oder Errungenschaften des Westens zu vermitteln. Goethe plädiert dafür, sich davon zu überzeugen, »daß das wahrhaft Verdienstliche sich dadurch auszeichnet, daß es der ganzen Menschheit angehört«.[168] Die erste Prämisse,

---

this respect are beyond imagining and it may truly be said that Japan is a world the reverse of Europe« (zit. nach Neil S. Fujita: Japan's Encounter with Christianity. The Catholic Mission in Pre-Modern Japan. New York: Paulist Press, 1991. S. 1; Übersetzung von mir, A. T.).

167 Vgl. Aby M. Warburg: Schlangenritual. Ein Reisebericht. Mit einem Nachwort von Ulrich Raulff. Berlin: Wagenbach, 1988. S. 13–14; vgl. auch S. 14, Abb. 2.
168 Goethe, S. 353.

von der aus man weiterdenkt, sollte nicht die kulturelle Prägung, sondern das Menschsein schlechthin sein. Fanon führt vor, wie die logische Verknüpfung auch so wunderbar funktioniert: »[…] ich bin ein Mensch, und in diesem Sinne ist der Peloponnesische Krieg ebenso mein wie die Entdeckung des Kompasses«.[169]

Die transkulturelle Erziehung soll Schülerinnen und Schülern Wege eröffnen, die komplexe Vielfalt von Kulturen zu erkunden, ohne Gegensätze oder Hierarchien herzustellen. Sie soll Schülerinnen und Schülern die Dinge differenzieren helfen, ohne sie in ein oberflächliches kulturgebundenes Beziehungsgeflecht zu bringen und sich darin bar jeglichen Sachwissens positionieren zu müssen.

Entkategorisieren/entschematisieren

Der zweite Vorschlag will das Denken in vereinfachten Kategorien und Schemata überwinden. Von Schülerinnen und Schülern nichtdeutscher oder bikultureller Herkunft ist bisweilen zu hören, sie fühlten sich weder als das eine noch als das andere, sie seien ein Mittelding. Das geschieht insbesondere aufgrund der Konditionierung durch die Bilder, die ihre Kulturen typisiert darstellen, und die Sprache, die sie ›Halbdeutsche‹ oder ›Halbtürken‹ nennt. Dadurch entsteht bei ihnen die Tendenz, eine Trennung bzw. Spaltung zwischen zwei Identitäten zu erleben oder sich unvollkommen vorzukommen. Im Zuge dessen geraten sie mitunter in einen Zwischenraum bzw. Nicht-Raum zwischen Kulturen: entwurzelt, formlos, undefiniert und zerstört. Solange sie Kulturen als statisch erstarrte Größen begreifen, bietet sich ihnen als Identifikationsmodell nur ein Entweder-oder an, aber kein Sowohl-als-auch, und umso höher steigt die Gefahr, in einem Weder-noch zu enden.

In der Sequenz »Taylan: Ein türkischer Deutscher« aus dem Film *Nächster Halt: Das Fremde* (2010) vom FWU Institut für Film und Bild in Wissenschaft und Unterricht bringt der 14-jährige Schüler Taylan, dessen Eltern zugewanderte und eingebürgerte Deutsche sind, das Problem einprägsam zum Ausdruck. Die Deutschen sähen ihn nicht als Deutschen, die Türken sähen ihn nicht als Türken, und er wisse nicht,

---

169 Frantz Fanon: Schwarze Haut, weiße Masken. Aus dem Französischen von Eva Moldenhauer. Frankfurt a. M.: Syndikat, 1980. S. 143.

was er machen solle: »Man ist so in der Mitte hin- und hergerissen. Und zum Schluss weiß man gar nicht, wo man hingehört. [...] Ich will einfach dazugehören«.[170]

Ein analoges Problem betrifft die Migrantinnen und Migranten, sofern sie – um mit dem Philosophen und Soziologen Georg Simmel zu sprechen – nicht jenen Typus des Fremden verkörpern, »*der heute kommt und morgen geht*«, sondern jenen anderen Typus, »*der heute kommt und morgen bleibt*«.[171] Kann ein Migrant, der, entsprechend der traditionellen Vorstellung von Kulturen, entschlossen eine Kultur verlässt und an deren Stelle eine andere setzt, die Folgen dieser sowohl gedanklichen als auch praktischen Operation ohne psychische Belastungen überleben? Schwierigkeiten, die an Symptome von dissoziativer Identitätsstörung oder Schizophrenie grenzen, sind programmiert.

Fanon hat in seinem Essay *Schwarze Haut, weiße Masken* (Peau noire, masques blancs, 1952) eindringlich dargelegt, wie der schwarze Mensch, der sich an die weiße Gesellschaft zu assimilieren sucht, in eine neurotische Situation geraten kann. Seine unterdrückten Vorfahren, seine kreolisierte Sprache und seine natürliche Hautfarbe konstituieren das komplexbeladene Raster, das den schwarzen Menschen determiniert und seine Individualität zur Aufspaltung zwingt. Der Ausgang aus diesem Raster erfordert die Befreiung von einer Vergangenheit, die überhaupt nicht fortgeschrieben zu werden braucht, wie auch das Recht und die Freiheit zur kulturellen Selbstbestimmung. So erklärt Fanon:

> Ich bin kein Gefangener der Geschichte. Nicht in ihr darf ich nach dem Sinn meines Schicksals suchen.
> In jedem Augenblick muss ich mich daran erinnern, dass der wahre *Sprung* darin besteht, die Erfindung in die Existenz einzuführen.
> In der Welt, in der ich fortschreite, erschaffe ich mich unaufhörlich.
> /.../
> Man darf den Menschen nicht festnageln wollen, denn es ist seine Bestimmung, losgelassen zu werden.[172]

---

170 Nächster Halt: Das Fremde. In: FWU Institut für Film und Bild in Wissenschaft und Unterricht: Fremd. Didaktische FWU-DVD. Grünwald: FWU Institut für Film und Bild in Wissenschaft und Unterricht, 2010.

171 Georg Simmel: Exkurs über den Fremden. In: Georg Simmel: Gesamtausgabe. Herausgegeben von Otthein Rammstedt. Bd. 11. Soziologie. Untersuchungen über die Formen der Vergesellschaftung. Frankfurt a. M.: Suhrkamp, 1992. S. 764–771, hier S. 764; Hervorhebung im Original.

172 Fanon 1980, S. 147; Hervorhebung im Original.

Menschen, die gegebenen Kategorien vollkommen entsprechen, die in gegebenen Schemata voll und ganz aufgehen, gibt es nicht. Existieren bedeutet sie ständig neu herausfordern, sie Tag für Tag überschreiten. In diesem Sinne kann Fanon die Dinge richtig stellen: »Der Neger ist nicht. Ebensowenig der Weiße«.[173]

Die fröhliche Botschaft, die wir von neueren Kulturtheorien empfangen, ist: Kulturen sind veränderliche Größen, sie sind dynamisch wandelbar. Die transkulturelle Erziehung will daraus die notwendige Konsequenz ziehen. Schülerinnen und Schüler sollten Kulturen nicht als etwas vermittelt bekommen, was die einen und die anderen von vornherein trennt, sondern als etwas, was allen die Chance bietet, an ihm und seiner Gestaltung teilzuhaben.

Historisieren statt essentialisieren

Der dritte Vorschlag will dem horizontalen Spektrum der kulturellen Vielfalt eine vertikale Perspektive an die Seite stellen. Montaignes Vergleich zwischen dem Kannibalismus in der Neuen Welt und der Praxis der Folter in Europa wurde an früherer Stelle erwähnt. Die spanischen Conquistadores wurden bei den Ureinwohnern Amerikas, über den Kannibalismus hinaus, auch auf das religiöse Menschenopfer aufmerksam. Aus dieser dämonisch anmutenden Praxis leiteten sie ihre Berechtigung zur Versklavung und Massakrierung der Indianer ab. Traf diese Logik zu? Der spanische Dominikanerbischof Bartolomé de las Casas erinnerte unter Verweis auf das Opfer Isaaks durch Abraham und das Jesu Christi durch Gott Vater daran, dass das Menschenopfer, historisch gesehen, auch der jüdisch-christlichen Religiosität nicht unbekannt war.[174] Vieles, was auf der synchronen Ebene als kulturell fremd erscheint, erweist sich entlang der diachronen Achse als kulturell bekannt, d. h. allenfalls historisch überwunden oder psychisch verdrängt. Das Denken in historischen Dimensionen ist ein befreiendes Gegenmittel gegen den modischen Zwang, sich von allem Befremdlichen kulturell abzugrenzen und das historische Gewordensein zu essentialisieren.

---

173 Fanon 1980, S. 148.
174 Vgl. Tzvetan Todorov: Die Eroberung Amerikas. Das Problem des Anderen. Aus dem Französischen von Wilfried Böhringer. Frankfurt a. M.: Suhrkamp, 1985. S. 222–224.

Den dazu gut geeigneten Unterrichtsstoff findet man z. B. in Märchen und Fabeln. Man stelle sich vor: Schülerinnen und Schüler mit und ohne Migrationshintergrund werden aufgefordert, Geschichten aufzuschreiben und vorzutragen, die ihnen von ihrer Kindheit her als populäre nationale Märchen bekannt sind. Ein deutscher Schüler kündigt ein deutsches Märchen an und beginnt mit seinem Vortrag, ein Schüler mit serbischem Migrationshintergrund unterbricht ihn und meint, das sei ein serbisches Märchen, und schließlich steht eine Schülerin mit chinesischem Migrationshintergrund auf und erklärt, das sei ein altertümliches chinesisches Märchen. Derartiges kann tatsächlich vorkommen: Einige altvertraute Geschichten sind dem entlegensten Winkel der Welt entsprungen und haben durch mehrere exotische Kulturkreise hindurch den Weg zu uns gefunden.

Im Bereich der Musik kann die ambivalente Entwicklungs- und Rezeptionsgeschichte des Jazz interessante Einblicke darin bieten, welche skurrilen Einwände sich einstmals gegen die inzwischen fest etablierte Musikrichtung erhoben. Noch um die Mitte des 20. Jahrhunderts wurde Fanon gebeten, zu einem Artikel Stellung zu nehmen, »in dem die Jazzmusik buchstäblich zum Einbruch des Kannibalismus in die moderne Welt erklärt wurde«.[175] Fanon schlug die Bitte aus und riet dem »Verteidiger der europäischen Reinheit [...], sich eines Krampfs zu entledigen, der nichts Kulturelles hatte«.[176] Das essentialistische Bemühen, Kultur zu verteidigen, untergräbt das zukunftsgewandte Potential, Kultur zu fördern.

Eine wichtige Praxis im Unterricht, in der Historisierung besonders Not tut, ist die Vermittlung von gesellschaftlich und politisch relevanten Werten. Werte wie Freiheit, Demokratie und Menschenrechte werden in Europa bzw. im Westen gerne als ›europäische‹ bzw. ›westliche‹ Werte bezeichnet. In dieser sprachlichen und kulturellen Aneignung schwingt ein Moment der Essentialisierung mit, die sich über das historische Ringen um diese Werte hinwegsetzt und die Kompetenz zu deren Verbreitung und Umsetzung gleichsam monopolisiert. Dabei wissen wir, dass im Westen die Freiheit nicht immer die Freiheit aller Menschen bedeutete und die Demokratie mancherorts bis vor nicht langer Zeit eine Demokratie ohne Frauen war – ganz zu schweigen von der attischen Demokratie, auf die man gerne als ›westliche‹ Erfindung verweist, die unter strik-

---

175 Fanon 1980, S. 143.
176 Fanon 1980, S. 144.

tem Ausschluss von Frauen, Metöken (d. h. ortsansässigen Ausländern) und Sklaven praktiziert wurde. Der englische Ökonom und Philosoph John Stuart Mill etwa, einer der bedeutendsten Denker des Liberalismus, stellte in *Über die Freiheit* (On Liberty, 1859) und *Betrachtungen über die repräsentative Regierung* (Considerations on Representative Government, 1861) klar, dass der Grundsatz der Freiheit allein auf mündige Menschen angewandt werden könne, einige Rassen mit ihren rückständigen Zuständen noch als unmündig angesehen werden dürften, und einige Gebiete, wie etwa Indien, vorerst weder demokratiefähig noch demokratiereif seien.[177]

Sen sieht die Demokratie als einen ›universellen Wert‹ an und warnt davor, sie im vermeintlichen Sinne eines ›westlichen‹ Wertes zu essentialisieren. Dagegen hilft eine differenzierte Betrachtung von ›vereinfachten Geschichten‹:

> Vielfalt ist ein Merkmal der meisten Kulturen in der Welt. Die westliche Zivilisation ist keine Ausnahme. Die Praxis der Demokratie, die sich im *modernen* Westen durchgesetzt hat, ist weitgehend ein Ergebnis eines Konsenses, der sich seit der Aufklärung und der Industriellen Revolution, und insbesondere um das letzte [19.] Jahrhundert herum, herausgebildet hat. Darin ein historisches Engagement des Westens – über die Jahrtausende – für Demokratie zu sehen, und es dann den nichtwestlichen Traditionen (jede als monolithische behandelt) gegenüberzustellen, wäre ein großer Fehler. Diese Tendenz zu übermäßiger Vereinfachung lässt sich nicht nur in den Schreiben einiger Regierungssprecher in Asien, sondern auch in den Theorien einiger der feinsten Gelehrten des Westens selbst erkennen.[178]

---

177 Vgl. John Stuart Mill: On Liberty. Second edition. London: John W. Parker and Son, 1859. S. 22–23; John Stuart Mill: Considerations on Representative Government. London: Parker, Son, and Bourn, 1861. S. 313–314; vgl. auch Said 1981, S. 22.

178 »Diversity is a feature of most cultures in the world. Western civilization is no exception. The practice of democracy that has won out in the *modern* West is largely a result of a consensus that has emerged since the Enlightenment and the Industrial Revolution, and particularly in the last century or so. To read in this a historical commitment of the West – over the millennia – to democracy, and then to contrast it with non-Western traditions (treating each as monolithic) would be a great mistake. This tendency toward oversimplification can be seen not only in the writings of some governmental spokesmen in Asia, but also in the theories of some of the finest Western scholars themselves« (Amartya Sen: Democracy as a Universal Value. In: Journal of Democracy 10/3 [1999], S. 3–17, hier S. 15–16; Hervorhebung im Original; Übersetzung von mir, A. T.).

Wenn wir uns vergegenwärtigen, durch welche inneren Kämpfe und äußeren Zwänge die für die Erziehung wesentlichen Werte sich Schritt für Schritt, von Konsens zu Konsens, zu ihrer heutigen Form entwickelt haben, so erscheint es uns in der Sache viel angemessener, von ›universellen‹ Werten zu sprechen. Die transkulturelle Erziehung will Werte als universelle Werte sichtbar machen und sie aus der Geschichte heraus als solche greifbar machen.

Kontextualisieren statt kulturalisieren

Schülerinnen und Schüler sind heute einer gigantischen digitalen Informationsflut ausgesetzt, deren Wachsen kein Ende nimmt. Dem vierten Vorschlag liegt das Anliegen zugrunde, ihnen durch die Vermittlung von methodischem Wissen zu einer selbstständigen Orientierung in der medialen Text- und Bildmasse zu verhelfen. Zum einen sollten Probleme, die von ihrer Beschaffenheit her verschiedene Lösungen verlangen, nicht in unzulässiger Weise in ein und denselben Kontext gestellt werden. Und zum anderen sollten Phänomene, die allgemein als kulturspezifisch gelten, immer auf die Kontexte hin befragt werden, in denen sie entstehen und zur Entfaltung gelangen.

Der vorhin erwähnte Film *Nächster Halt: Das Fremde*, der als Unterrichtsmaterial für die allgemeinbildende Schule sowie die Kinder- und Jugendbildung konzipiert ist, trägt als Ganzes genau jene Probleme in sich, die an früheren Stellen in Zusammenhang mit dem Dilemma des Wissensgebietes »Interkulturelle Kommunikation« und dem inkorrekten Gebrauch des Begriffes »schulische Integration« erörtert wurden. Die einzelnen Teile des Filmes sind jeder für sich genommen nützlich und informativ: Es ist überaus erhellend, was der türkisch-deutsche Junge Taylan über sein zwiespältiges kulturelles Befinden aussagt, und es ist richtig und wichtig, was die zwei Jugendlichen Sabrina und Torsten unternehmen und welche Lehren sie aus der gemeinsamen Erkundungsreise ziehen. Sabrina und Torsten lernen u. a. in einem chinesischen Teehaus, wie anders andere Sitten und Gebräuche funktionieren, und beim Fußballspielen mit Sehbehinderten – indem sie selbst mit verbundenen Augen spielen –, wie anders Sehbehinderte die Welt wahrnehmen.[179]

179 Vgl. FWU Institut für Film und Bild in Wissenschaft und Unterricht.

Problematisch ist das Zusammenbringen der unterschiedlich anzugehenden Problembereiche unter der gemeinsamen Frage nach dem ›richtigen‹ Umgang mit dem Fremden: das Problem des Fremdmachens – Taylan fühlt sich »fremd gemacht«,[180] obwohl er gar nicht fremd ist – auf der einen Seite und das Problem des Fremdverstehens – die chinesische Kultur, die Sehbehinderung etc. – auf der anderen Seite.

Die Sequenz mit Taylan macht darauf aufmerksam, dass das Fremde ein Konstrukt sein kann. Die Sequenzen mit Sabrina und Torsten hingegen halten dazu an, ein Gespür für das Fremde zu entwickeln, dessen Existenz an sich nicht hinterfragt wird, und die emotionale Kompetenz bzw. Empathiefähigkeit zu schulen. Abgerundet wird das Ganze mit den nützlichen Empfehlungen, die ausschließlich die Frage des Fremdverstehens betreffen, von den Philosophen Hans-Georg Gadamer und Bernhard Waldenfels. Während für die Frage des Fremdmachens, die nicht in denselben Kontext gehört, keine eindeutige Lösung angeboten wird, suggeriert die Komposition des Filmes, dass mit dem empirisch und philosophisch sensibilisierten Umgang mit dem Fremden gleichsam alle Fragen zu lösen seien. Der Film parallelisiert den Kontext der Migration mit dem Kontext der Behinderung, und überlagert die Frage des Fremdmachens durch die Frage des Fremdverstehens. So wird die Frage der sozialen Integration mit der Frage der schulischen Integration vermischt, und gut gemeinter Kulturalismus mit interkultureller Toleranz verwechselt. Wenn die Probleme jeweils ihrer Natur entsprechend kontextualisiert worden wären, so hätten dazu differenzierte Lösungsansätze entwickelt und präsentiert werden können.

Es gibt Regionen in der Welt, in denen besonders radikale religiöse, politische oder auch kriminelle Gruppierungen anzutreffen sind. Um die Probleme in ihrem Wesen zu erfassen, ist es wenig damit getan, sie mit dem Gestus der Distanz als Manifestationen andersartiger Kulturen zu begreifen und ihre Anzeichen und Ursachen zu kulturalisieren. Im Gegenteil: Wo sich der Schleier der Kultur legt, werden soziale, politische und ökonomische Probleme, die ebenfalls maßgeblich zu Prozessen der Radikalisierung beitragen können, unsichtbar. Die Interessen der Mächtigen, die Rolle der Geheimdienste, die Klima- und Ressourcenkriege, der konzentrierte Reichtum und die Massenarmut: Das sind alle Faktoren, die in wahrem Sinne kulturellen Formationen weniger Vorschub leisten

---

180 FWU Institut für Film und Bild in Wissenschaft und Unterricht.

als vielmehr im Wege stehen. Die transkulturelle Erziehung soll Schülerinnen und Schüler dazu anleiten, offenkundig kulturalisierte Denk- und Handlungsmuster in ihren komplexen Zusammenhängen zu reflektieren und in ihrer negativen Kulturbedingtheit zu relativieren.

Schluss als Anfang

Womit wir hier und heute beginnen können

> The illusion of destiny, particularly about some sin-
> gular identity or other (and their alleged implica-
> tions), nurtures violence in the world through omis-
> sions as well as commissions. We have to see clearly
> that we have many distinct affiliations and can inter-
> act with each other in a great many different ways
> (no matter what the instigators and their flustered
> opponents tell us). There is room for us to decide on
> our priorities.[181]
>
> Amartya Sen, *Identity and Violence*

Lehrerinnen und Lehrer sind unter den Stichworten »transkulturelle Erziehung« und »transkulturelle Kompetenz« dazu eingeladen, an einer suk-
zessiven und nachhaltigen Veränderung der nach wie vor verbreiteten
Vorstellung von Kulturen im Klassenzimmer mitzuwirken. Schülerinnen
und Schüler sollen dabei Unterstützung erhalten, im schulischen wie au-
ßerschulischen Alltag über interkulturelle Rastersysteme hinauszudenken
und in allen Lern- und Lebensbereichen transkulturelle Dimensionen zu
entdecken. Die Dynamiken und die Synergien der Einwanderungsgesellschaft befähigen uns dazu, mit aller Entschiedenheit den Weg aus der
kulturalistisch ausgerichteten und zu der transkulturell orientierten Erziehung zu beschreiten.

Dazu gehört allem voran der Mut, gegenüber eingefahrenen Denk-
bahnen, etablierten Sprachbildern und Wahrnehmungsmustern eine kri-

---

181 »Die Illusion der Schicksalhaftigkeit insbesondere der einen oder anderen aus-
schließlichen Identität fördert die Gewalt in der Welt sowohl durch Unterlassungen
als auch durch Taten. Wir müssen deutlich erkennen, daß wir viele verschiedene Zu-
gehörigkeiten haben und auf sehr viele unterschiedliche Weisen miteinander umgehen können, gleichgültig, was die Aufwiegler und ihre aufgeregten Gegner uns sagen.
Wir selbst können über unsere Prioritäten entscheiden« (Sen 2007, S. 10; Amartya
Sen: Identity and Violence. The Illusion of Destiny. London/New York: W. W. Norton & Co., 2006. S. xiv).

tische Haltung zu entwickeln. Und dazu gehört auch der Wille, hier und
heute damit zu beginnen, eine Reihe von landläufigen Redensarten, de-
rer wir uns beim Reden über Kulturen automatisch und unreflektiert bedienen, von ihrer bildlichen Wirkung her vorsichtig infrage zu stellen.
Wenn wir z. B. – in bester Absicht – verkünden, wir wollen zwischen den
Völkern Brücken schlagen oder die Gräben zwischen Kulturen überwinden: Wirkt da nicht die traditionelle Vorstellung von Kulturen als Inseln weiterhin hartnäckig nach? Vielleicht gibt es gar keinen Fluss, der
überbrückt werden müsste; vielleicht gibt es auch gar keinen Graben, der
uns und uns voneinander trennen würde. Während wir die Brücken bau-
en, fließen unter ihr die Völker wie Wassermassen zusammen, und während wir Gräben zuzuschütten meinen, schütten wir auf dem Flachland
der Kulturen Erdwälle auf. Je mehr solche alternativen Denkräume wir
erschließen, je mehr wir uns die historisch unleugbare Tatsache bewusst
machen, dass Kulturen miteinander verflochten und ineinander durchdrungen sind, desto zuversichtlicher können wir in eine Zukunft blicken,
in der so manches, was heute unser Bild von Wirklichkeit bestimmt, ob-
solet sein wird.

Ein in dieser Hinsicht ebenfalls suggestives sprachliches Bild, das im
Reden über nationale und kulturelle Identitäten häufig Verwendung findet, ist das Bild von Wurzeln: Man spricht von deutschen Wurzeln, af-
rikanischen Wurzeln, arabischen Wurzeln, asiatischen Wurzeln, islami-
schen Wurzeln und jüdisch-christlichen Wurzeln. Auf dem Treffen eines
europäisch-lateinamerikanischen Diskussionsforums in Tübingen begeg-
nete mir vor nicht langer Zeit eine ältere Dame mit indianischen Zügen.
Wir kamen miteinander ins Gespräch, und in dessen Verlauf fand ich
heraus, dass sie aus Chile stammte und seit fünfzig Jahren in Deutschland lebte. Ich dachte an die indigenen Stämme Mapuche und Ayma-
ra und wollte aus Neugier wissen, welche Wurzeln sie habe. Die Dame
war offenbar belustigt über meine Frage, lächelte mich an und entgegne-
te: »Los árboles tienen raíces, los hombres caminan« – die Bäume haben
Wurzeln, die Menschen gehen.

Dieser Merkspruch erinnerte mich als Literatur- und Kulturwissenschaftler an ein englischsprachiges Wortspiel und ein Prosastück von
Franz Kafka. In dem Wortspiel *roots/routes* (Wurzeln/Strecken) fallen
zwei zentrale Aspekte im ethnologischen Diskurs über die afrikanische

Diaspora in den Amerikas homonym zusammen.[182] Es widerspiegelt die doppelte Optik auf die afro-amerikanische Bevölkerung in Nordamerika, der Karibik und Südamerika mit der Fokussierung einerseits auf die Räume ihres Ursprunges und andererseits auf die Räume ihrer Bewegung. Da die Menschen gehen, ist es von Bedeutung, nicht nur danach zu fragen, woher sie kommen, sondern auch danach, welche Wege sie zurückgelegt haben. Und die letztere Frage begreift schließlich die erstere Frage mit ein, indem sie die Wege von Anfang bis heute in den Blick nimmt.

In Kafkas Text *Die Bäume*, der im Kontext seiner zu Lebzeiten unveröffentlicht gebliebenen Erzählung *Beschreibung eines Kampfes* (1903–1907) entstand und 1908 im ersten Heft der von Franz Blei und Carl Sternheim herausgegebenen Zeitschrift *Hyperion* abgedruckt wurde, werden Menschen mit Bäumen bzw. Baumstämmen verglichen. Die Verwurzelung der Baumstämme gerät dabei ins Zwielicht:

> Denn wir sind wie Baumstämme im Schnee. Scheinbar liegen sie glatt auf, und mit kleinem Anstoß sollte man sie wegschieben können. Nein, das kann man nicht, denn sie sind fest mit dem Boden verbunden. Aber sieh, sogar das ist nur scheinbar.[183]

Die hier angedeutete Entwurzelung des Menschen muss nicht die »prinzipielle[] Daseinsverfehlung des Menschen«[184] signalisieren; sie kann im Gegenteil die auf die prinzipielle Beweglichkeit ausgerichtete Daseinsvoraussetzung des Menschen bedeuten. Alle Reflexion über Identität und Differenz wird sich demnach am »Bewußtsein ihrer eigenen Vorläufigkeit«[185] messen lassen müssen, das zugleich die Beweglichkeit von Identität und Differenz anerkennt.

---

182 Vgl. Shane Greene: Indroduction: On Race, Roots/Routes, and Sovereignty in Latin America's Afro-Indigenous Multiculturalisms. In: Journal of Latin American and Caribbean Anthropology 12/2 (2007), S. 329–335, hier S. 338; Greene verweist seinerseits auf Paul Gilroy: Roots and Routes: Black Identity as an Outernational Project. In: Herbert Harris / Howard Blue / Ezra Griffith (Hgg.): Racial and Ethnic Identity: Pychological Development and Creative Expression. New York: Routledge, 1995. S. 15–30; Edmund Gordon / Mark Anderson: The African Diaspora: Toward an Ethnography of Diasporic Identification. In: Journal of American Folklore 112/445 (1999), S. 282–296.

183 Franz Kafka: Die Erzählungen und andere ausgewählte Prosa. Herausgegeben von Roger Hermes. 10. Auflage. Frankfurt a. M.: Fischer, 2008. S. 9.

184 Helmut Richter: Franz Kafka. Werk und Entwurf. Berlin: Rütten & Loening, 1962. S. 67.

185 Peter-André Alt: Franz Kafka. Der ewige Sohn. Eine Biographie. 2., durchgesehene Auflage. München: Beck, 2008. S. 260.

Der Weg zur transkulturellen Erziehung erfordert eine Verlagerung der Perspektive von *roots* auf *routes*, einen Paradigmenwechsel von Interkulturalität zu Transkulturalität und – um einen vor einiger Zeit in der Literatur- und Kulturtheorie wie auch in der Entwicklungspsychologie diskutierten Terminus wieder aufzugreifen – einen Bewusstseinswandel von Kulturalismus zu Postkulturalismus.[186] Postkulturalismus, hier verstanden als eine ›relativierende Wende‹[187] mit einer pluralistischen Vision von gesellschaftlicher Veränderung,[188] kann ein zuverlässiges Fahrwasser für die transkulturelle Erziehung bilden. Wie mag der Weg dahin aussehen? Um dies konkret einzuschätzen, beginnen wir am besten damit, konkrete Fragen zu stellen.

(1) Ist es denkbar, Bezeichnungen wie »Deutsch-Türke« oder »Deutsch-Kosovare« durch semantisch – und auch politisch – korrektere Bezeichnungen zu ersetzen? In der Sprachwissenschaft wird bei den so genannten hypotaktischen Komposita zwischen Bestimmungswort und Grundwort unterschieden: Das Bestimmungswort bestimmt das Grundwort näher. In den germanischen Sprachen stehen in der Regel das Bestimmungswort links und das Grundwort rechts. So ist ein Afro-Amerikaner ein Amerikaner afrikanischer Abstammung, ein Deutsch-Amerikaner ein Amerikaner deutscher Abstammung, und so verhält es sich auch mit *Chinese American* und *Hispanic American*. Nach dieser Logik wären Deutsch-Türken und Deutsch-Kosovaren alles andere als das, was man gemeinhin darunter versteht. Durch die Bauweise solcher Bezeichnungen wird die nichtdeutsche Verwurzelung zum Hauptmerkmal erklärt und die Zugehörigkeit zu Deutschen grammatikalisch verweigert. Wenn ein von türkischen Eltern stammender, aber in Deutschland geborener Schüler – irrtümlicherweise – behauptet, er komme aus der Türkei: Muss da die Korrektur nicht bei der Sprache ansetzen?

(2) Ist es denkbar, das gegenwärtige Bild der kulturellen Vielfalt durch eine egalitäre Perspektive zu ergänzen? Wenn wir zu Rassismus und Diskriminierung Nein sagen, so sagen wir zugleich Ja zu Pluralismus und Chancengleichheit. Wollen wir kulturelle Vielfalt? Ja, sofern sie gleichheitlich und nicht hierarchisch gemeint ist. Kulturelle Vielfalt mit

---

186 Vgl. Andrew Milner: Cultural Materialism, Culturalism and Post-Culturalism: The Legacy of Raymond Williams. In: Theory, Culture & Society 11 (1994), S. 43–73; Larry Nucci / Michael A. Neblo: The Emergence of Postculturalism. In: Human Development 41 (1998), S. 172–179.

187 Vgl. Milner, S. 70.

188 Vgl. Nucci/Neblo, S. 179.

einer leitenden Kultur an der Spitze und mehreren Satellitenkulturen um sie herum wäre nicht gleichheitlich. Wer würde soziale Vielfalt wollen? Da Vielfalt von sozialen Schichten ökonomische Hierarchien nach sich zieht, wünschen sich viele Menschen eher soziale Gerechtigkeit. Dürfen wir uns allen ›kulturelle Gerechtigkeit‹ wünschen? Und:

(3) Ist es denkbar, bei jedem Kontakt mit Schülerinnen und Schülern sich selbst ein paar Kontrollfragen zu stellen? Lehrerinnen und Lehrer können sich guten Mutes auf den Weg zur transkulturellen Erziehung machen, indem sie sich regelmäßig durch folgende Fragen vergewissern:

- Spreche ich im Umgang mit Schülerinnen und Schülern von Kulturen als etwas, worauf sie ein ganzes Leben lang Einfluss nehmen können, anstatt als etwas, woran sie wenig bis kaum ändern können?
- Messe ich im Umgang mit Schülerinnen und Schülern Faktoren wie sozialer Schicht, Geschlecht, Religion, sozialem Umfeld und sexueller Orientierung vergleichbare Bedeutung bei wie dem Faktor ›Kultur‹?
- Achte ich genauso darauf, welche Wege die Schülerinnen und Schüler in ihrem Leben bisher zurückgelegt haben, wie darauf, woher sie, ihre Eltern oder ihre Großeltern stammen?
- Achte ich genauso darauf, was bei den Schülerinnen und Schülern an außerkulturellem Potential vorhanden ist, wie darauf, was bei ihnen an kulturellen Ressourcen da ist?

Wir müssen nicht hier und heute alle diese Fragen gleich mit Ja beantworten können. Aber wir können damit beginnen, Schritt für Schritt über sie nachzudenken. Dazu sind wir gewiss in der Lage: *Denn wir sind wie Baumstämme im Schnee.*

Quellenverzeichnis

Im Quellenverzeichnis werden nur jene gedruckten und filmischen Quellen sowie Internetquellen aufgeführt, die im vorliegenden Werk zitiert werden bzw. auf die in den Anmerkungen verwiesen wird. Weitere Quellen, die das allgemeine theoretische und methodische Fundament des Werkes bilden, aber nicht zum unmittelbaren Hintergrund des Werkes gehören, werden nicht in das Quellenverzeichnis aufgenommen. Alle in den Anmerkungen und im Quellenverzeichnis angegebenen Internetquellen wurden am 15. Dezember 2011 abgerufen.

Adorno, Theodor W.: Gesammelte Schriften. Herausgegeben von Rolf Tiedemann unter Mitwirkung von Gretel Adorno, Susan Buck-Morss und Klaus Schultz. Bd. 9.2. Soziologische Schriften II. Bd. 2. Frankfurt a. M.: Suhrkamp, 2003.

Alt, Peter-André: Franz Kafka. Der ewige Sohn. Eine Biographie. 2., durchgesehene Auflage. München: Beck, 2008.

Antoni, Klaus / Elisabeth Scherer (Hgg.): Die subtile Sprache der Kultur. Interkulturelle Kommunikation im Bereich deutsch-japanischer Firmenkooperationen. Berlin/Münster: LIT Verlag, 2006 (= Tübinger Ostasiatische Forschungen 14).

Apedaile, Sarah / Lenina Schill: Critical Incidents for Intercultural Communication. An Interactive Tool for Developing Awareness, Knowledge, and Skills. Facilitator and Activity Guide. Edmonton: NorQuest College Intercultural Education Programs, 2008.

Auernheimer, Georg (Hg.): Interkulturelle Kompetenz und pädagogische Professionalität. 2., aktualisierte und erweiterte Auflage. Wiesbaden: VS Verlag für Sozialwissenschaften, 2008 (= Interkulturelle Studien 13).

Auernheimer, Georg: Interkulturelle Kommunikation, mehrdimensional betrachtet, mit Konsequenzen für das Verständnis von interkultureller Kompetenz. In: Georg Auernheimer (Hg.), S. 35–65.

Balibar, Étienne / Immanuel Wallerstein: Rasse – Klasse – Nation. Ambivalente Identitäten. Übersetzt von Michael Haupt und Ilse Utz. 2. Auflage. Hamburg/Berlin: Argument, 1992.

Bauer, Karl Johannes: Alois Musil. Wahrheitssucher in der Wüste. Wien/Köln: Böhlau, 1989 (= Perspektiven in der Wissenschaftsgeschichte 5).

Bausinger, Hermann: Kultur kontrastiv. Exotismus und interkulturelle Kommunikation. In: Armin Wolff / Wolfgang Rug (Hgg.), S. 1–16.

Beck, Klaus / Hans-Georg Herrlitz / Wolfgang Klafki (Hgg.): Erziehung und Bildung als öffentliche Aufgabe. Analysen – Befunde – Perspektiven. Beiträge zum 11. Kongreß der Deutschen Gesellschaft für Erziehungswissenschaft vom 21. bis 23. März 1988 in der Universität Saarbrücken. Im Auftrag des Vorstandes herausgegeben von Klaus Beck, Hans-Georg Herrlitz und Wolfgang Klafki. Weinheim/Basel: Beltz, 1988 (= Zeitschrift für Pädagogik, Beiheft 23).

Bhabha, Homi K.: Die Verortung der Kultur. Mit einem Vorwort von Elisabeth Bronfen. Deutsche Übersetzung von Michael Schiffmann und Jürgen Freudl. Tübingen: Stauffenburg, 2000 (= Stauffenburg Discussion 5).

Die Bibel. Nach der Übersetzung Martin Luthers. Mit Apokryphen. Bibeltext in der revidierten Fassung von 1984. Herausgegeben von der Evangelischen Kirche in Deutschland. Stuttgart: Deutsche Bibelgesellschaft, 1999.

Bolten, Jürgen: Interkultureller Trainingsbedarf aus der Perspektive der Problemerfahrungen entsandter Führungskräfte. In: Klaus Götz (Hg.), S. 61–80.

Concise Oxford English Dictionary. Eleventh edition. Edited by Catherine Soanes and Angus Stevenson. Oxford/New York: Oxford University Press, 2004.

Conrad, Sebastian / Andrian Kreye: Kamikaze: Historische Ausnahme. Sollen sich einzelne für andere opfern? In Fukushima-1 passiert das gerade. Historiker Conrad über Kamikaze als Symbol für Japans Gesellschaft. In: Süddeutsche Zeitung, 16. 3. 2011; verfügbar in: <http://www.sueddeutsche.de/kultur/einsatz-am-akw-interview-kamikaze-waren-die-historische-ausnahme-1.1073096>.

Crenshaw, Kimberlé W.: Demarginalizing the Intersection of Race and Sex: A Black Feminist Critique of Antidiscrimination Doctrine, Feminist Theory and Antiracist Politics. In: D. Kelly Weisberg (ed.), S. 383–395.

Dadder, Rita: Interkulturelle Orientierung. Analyse ausgewählter interkultureller Trainingsprogramme. Saarbrücken/Fort Lauderdale: Breitenbach, 1987.

Darowska, Lucyna / Thomas Lüttenberg / Claudia Machold (Hgg.): Hochschule als transkultureller Raum? Kultur, Bildung und Differenz in der Universität. Bielefeld: transcript Verlag, 2010.

Deleuze, Gilles / Félix Guattari: Qu'est-ce que la philosophie? Paris: Éditions de Minuit, 1991.

Diefenbach, Heike: Kinder und Jugendliche aus Migrantenfamilien im deutschen Bildungssystem. Erklärungen und empirische Befunde. 3. Auflage. Wiesbaden: VS Verlag für Sozialwissenschaften, 2010.

Diehm, Isabell / Frank-Olaf Radtke: Erziehung und Migration. Eine Einführung. Stuttgart/Berlin/Köln: Kohlhammer, 1999 (= Grundriß der Pädagogik 3).

Etymologisches Wörterbuch der deutschen Sprache. Bearbeitet von Elmar Seebold. 24., durchgesehene und erweiterte Auflage. Berlin/New York: de Gruyter, 2002.

Evangelischer Pressedienst: Ausländeranteil an Schulen steigt. In: die tageszeitung, 18. 7. 2005; verfügbar in: <http://www.taz.de/1/archiv/?id=archiv& dig=2005/07/18/a0203>.

Fanon, Frantz: Pour une révolution africaine. Écrits politiques. Paris: La Découverte, 2001.

Fanon, Frantz: Schwarze Haut, weiße Masken. Aus dem Französischen von Eva Moldenhauer. Frankfurt a. M.: Syndikat, 1980.

Flanagan, John C.: The Critical Incident Technique. In: Psychological Bulletin 51/4 (1954), S. 327–358.

Freud, Sigmund: Studienausgabe. 11 Bde. Herausgegeben von Alexander Mit-
cherlich, James Strachey und Angela Richards. Bd. IX. Fragen der Gesellschaft. Ursprünge der Religion. Frankfurt a. M.: Fischer, 1974.

Fujita, Neil S.: Japan's Encounter with Christianity. The Catholic Mission in
Pre-Modern Japan. New York: Paulist Press, 1991.

FWU Institut für Film und Bild in Wissenschaft und Unterricht: Fremd. Didaktische FWU-DVD. Grünwald: FWU Institut für Film und Bild in
Wissenschaft und Unterricht, 2010.

Gilroy, Paul: Roots and Routes: Black Identity as an Outernational Project. In:
Herbert Harris / Howard Blue / Ezra Griffith (Hgg.), S. 15–30.

Goethe, Johann Wolfgang: Goethes Werke. Hamburger Ausgabe in 14 Bänden. Bd. XII. Schriften zur Kunst. Schriften zur Literatur. Maximen und
Reflexionen. Textkritisch durchgesehen von Erich Trunz und Hans Joachim Schrimpf. Kommentiert von Herbert von Einem und Hans Joachim
Schrimpf. München: Beck, 1981.

Gordon, Edmund / Mark Anderson: The African Diaspora: Toward an Ethnography of Diasporic Identification. In: Journal of American Folklore
112/445 (1999), S. 282–296.

Götz, Klaus (Hg.): Interkulturelles Lernen / Interkulturelles Training. 4., verbesserte Auflage. München/Mering: Rainer Hampp, 2002 (= Management-
konzepte 8).

Götze, Lutz: Multikulturalismus, Hyperkulturalität und Interkulturelle Kompetenz. In: Informationen Deutsch als Fremdsprache 36/4 (2009), S. 325–333.

Greene, Shane: Indroduction: On Race, Roots/Routes, and Sovereignty in Latin
America's Afro-Indigenous Multiculturalisms. In: Journal of Latin American and Caribbean Anthropology 12/2 (2007), S. 329–335.

Hadjar, Andreas / Judith Lupatsch / Elisabeth Grünewald-Huber: Bildungs-
verlierer/-innen, Schulentfremdung und Schulerfolg. In: Gudrun Quenzel /
Klaus Hurrelmann (Hgg.), S. 223–244.

Hall, Edward T.: The Silent Language. New York: Doubleday, 1959.

Hall, Stuart: Cultural Studies: Two Paradigms. In: Media, Culture & Society 2
(1980), S. 57–72.

Hamburger, Franz / Lydia Seus / Otto Wolter: Über die Unmöglichkeit, Politik durch Pädagogik zu ersetzen. In: Unterrichtswissenschaft 9/2 (1981),
S. 158–167.

Harris, Herbert / Howard Blue / Ezra Griffith (Hgg.): Racial and Ethnic Identity: Pychological Development and Creative Expression. New York: Routledge, 1995.

Hauenschild, Katrin: Transkulturalität – eine Herausforderung für Schule und
Lehrerbildung. In: www.widerstreit-sachunterricht.de 5 (2005); verfügbar
in: <http://www.widerstreit-sachunterricht.de/ebeneI/didaktiker/hauen/trans
kult.pdf>.

Der Hauptschulpreis 2003. »Integration von Zuwandererkindern durch die
Hauptschule – miteinander und voneinander lernen«. Preisträger, Projekte, Daten. Gemeinnützige Hertie-Stiftung und Robert Bosch Stiftung im
Rahmen der Initiative Hauptschule. In: <http://www.hauptschulpreis.ghst.
de/downloads/rueckblick/HS2003/dokumentation.pdf>.

Herder, Johann Gottfried: Auch eine Philosophie der Geschichte zur Bildung der Menschheit. Beytrag zu vielen Beyträgen des Jahrhunderts. Riga: Johann Friedrich Hartknoch, 1774.

Herder, Johann Gottfried: Ideen zur Philosophie der Geschichte der Menschheit. Dritter Theil. Riga und Leipzig: Johann Friedrich Hartknoch, 1790.

Heringer, Hans Jürgen: Interkulturelle Kommunikation. Grundlagen und Konzepte. 2., durchgesehene Auflage. Tübingen/Basel: Francke, 2007.

Hofmann, Michael: Interkulturelle Literaturwissenschaft. Eine Einführung. München: Fink, 2006.

Hofstede, Geert: Dimensions Do Not Exist: A Reply to Brendan McSweeney. In: Human Relations 55/11 (2002), S. 1–7.

Hugo, Victor: Œuvres complètes de Victor Hugo. Édition définitive d'après les manuscrits originaux. Actes et Paroles IV. Depuis l'exil: 1876–1885. Paris: Édition Hetzel-Quantin / L. Hébert / Alexandre Houssiaux, 1885.

Huntington, Samuel P.: The Clash of Civilizations? In: Foreign Affairs 72/3 (1993), S. 22–49.

Huntington, Samuel P.: Kampf der Kulturen. Die Neugestaltung der Weltpolitik im 21. Jahrhundert. Aus dem Amerikanischen von Holger Fließbach. München/Wien: Europaverlag, 1996.

Kafka, Franz: Die Erzählungen und andere ausgewählte Prosa. Herausgegeben von Roger Hermes. 10. Auflage. Frankfurt a. M.: Fischer, 2008.

Kalpaka, Annita: Pädagogische Professionalität in der Kulturalisierungsfalle – Über den Umgang mit ›Kultur‹ in Verhältnissen von Differenz und Dominanz. In: Rudolf Leiprecht / Anne Kerber (Hgg.), S. 387–405.

Kluge, Alexander / Christine Eichel: »Balladen der Gegenwart«. Gespräch mit Alexander Kluge. In: Focus 12 (2011), Extra-Heft »Die japanische Tragödie«, S. 46–47; verfügbar in: <http://www.focus.de/panorama/welt/tsunami-in-japan/interview-balladen-der-gegenwart-gespraech-mit-alexander-klu ge_aid_610441.html>.

Der Koran. Übersetzung von Adel Theodor Khoury. Unter Mitwirkung von Muhammad Salim Abdullah. Mit einem Geleitwort von Inamullah Khan. 3., durchgesehene Auflage. Gütersloh: Gütersloher Verlagshaus, 1987.

Kristeva, Julia: Fremde sind wir uns selbst. Aus dem Französischen von Xenia Rajewsky. Frankfurt a. M.: Suhrkamp, 1990.

Krüger-Lorenzen, Kurt: Deutsche Redensarten und was dahinter steckt. Das geht auf keine Kuhhaut. Aus der Pistole geschossen. Der lachende Dritte. Mit Zeichnungen von Franziska Bilek. 7. Auflage. München: Heyne, 2008.

Kühlmann, Torsten M. (Hg.): Mitarbeiterentsendung ins Ausland. Auswahl, Vorbereitung, Betreuung und Wiedereingliederung. Göttingen: Verlag für Angewandte Psychologie, 1995.

Kumbruck, Christel / Wibke Derboven: Interkulturelles Training. Trainingsmanual zur Förderung interkultureller Kompetenzen in der Arbeit. Heidelberg: Springer, 2005.

Leggewie, Claus: Die Aktualität ethnischer Konflikte. Ethnische Spaltungen in demokratischen Gesellschaften. In: Zeitschrift für Kulturaustausch 45/1 (1995), S. 45–50.

Leiprecht, Rudolf / Anne Kerber (Hgg.): Schule in der Einwanderungsgesellschaft. Ein Handbuch. 2. Auflage. Schwalbach i. Ts.: Wochenschau, 2006 (= Reihe Politik und Bildung 38).

Leiprecht, Rudolf / Helma Lutz: Intersektionalität im Klassenzimmer: Ethnizität, Klasse, Geschlecht. In: Rudolf Leiprecht / Anne Kerber (Hgg.), S. 218–234.

Lippmann, Walter: Public Opinion. New York: Macmillan, 1922.

Löchte, Anne: Johann Gottfried Herder. Kulturtheorie und Humanitätsideen der *Ideen*, *Humanitätsbriefe* und *Adrastea*. Würzburg: Königshausen & Neumann, 2005.

Lüsebrink, Hans-Jürgen (Hg.): Konzepte der Interkulturellen Kommunikation. Theorieansätze und Praxisbezüge in interdisziplinärer Perspektive. St. Ingbert: Röhrig Universitätsverlag, 2004 (= Saarbrücker Studien zur Interkulturellen Kommunikation 7).

Lüsebrink, Hans-Jürgen: Interkulturelle Kommunikation. Interaktion, Fremdwahrnehmung, Kulturtransfer. 2., aktualisierte und erweiterte Auflage. Stuttgart/Weimar: Metzler, 2008.

Mall, Ram Adhar / Dieter Lohmar (Hgg.): Philosophische Grundlagen der Interkulturalität. Amsterdam/Atlanta: Rodopi, 1993 (= Studien zur interkulturellen Philosophie 1).

Markowsky, Richard / Alexander Thomas: Studienhalber in Deutschland. Interkulturelles Orientierungstraining für amerikanische Studenten, Schüler und Praktikanten. Heidelberg: Asanger, 1995.

Mecheril, Paul: »Kompetenzlosigkeitskompetenz«. Pädagogisches Handeln unter Einwanderungsbedingungen. In: Georg Auernheimer (Hg.), S. 15–34.

Mecklenburg, Norbert: Das Mädchen aus der Fremde. Germanistik als interkulturelle Literaturwissenschaft. München: iudicium Verlag, 2008.

Meyer, Beate: »Jüdische Mischlinge«. Rassenpolitik und Verfolgungserfahrung 1933–1945. Hamburg: Dölling und Galitz, 1999 (= Schriften zur jüdischen Geschichte 6).

Mill, John Stuart: On Liberty. Second edition. London: John W. Parker and Son, 1859.

Mill, John Stuart: Considerations on Representative Government. London: Parker, Son, and Bourn, 1861.

Milner, Andrew: Cultural Materialism, Culturalism and Post-Culturalism: The Legacy of Raymond Williams. In: Theory, Culture & Society 11 (1994), S. 43–73.

Mohanty, Jitendra N.: Den anderen verstehen. In: Ram Adhar Mall / Dieter Lohmar (Hgg.), S. 115–122.

Montaigne, Michel de: Essais de Michel de Montaigne précédé d'une lettre à M. Villemain sur l'éloge de Montaigne par P. Christian. Paris: L. Hachette & Cie, 1860.

Montaigne, Michel de: Essais. Ausgewählt, übertragen und eingeleitet von Arthur Franz. Stuttgart: Reclam, 2008.

Müller, Harald: Das Zusammenleben der Kulturen. Ein Gegenentwurf zu Huntington. Frankfurt a. M.: Fischer, 1998.

Müller-Jacquier, Bernd: Interkulturelle Kommunikation und Fremdsprachendidaktik. Koblenz: Universität Koblenz-Landau, 1999.

Nietzsche, Friedrich: Menschliches, Allzumenschliches. Kritische Studienausgabe. Herausgegeben von Giorgio Colli und Mazzino Montinari. München: dtv, 1999.

Nietzsche, Friedrich: Nachlaß 1887–1889. Kritische Studienausgabe. Herausgegeben von Giorgio Colli und Mazzino Montinari. München: dtv, 1999.

Nishida, Kitarō: Wissenschaftliche Methodik (1937). Übersetzung von Rolf Elberfeld. In: polylog 10/11 (2004), S. 67–72.

Nucci, Larry / Michael A. Neblo: The Emergence of Postculturalism. In: Human Development 41 (1998), S. 172–179.

Pico della Mirandola, Giovanni: Oratio de hominis dignitate. Rede über die Würde des Menschen. Lateinisch/Deutsch. Auf der Textgrundlage der Editio princeps herausgegeben und übersetzt von Gerd von der Gönna. Stuttgart: Reclam, 2009.

Quenzel, Gudrun / Klaus Hurrelmann (Hgg.): Bildungsverlierer. Neue Ungleichheiten. Wiesbaden: VS Verlag für Sozialwissenschaften, 2010.

Radtke, Frank Olaf: Zehn Thesen über die Möglichkeit und Grenzen interkultureller Erziehung. In: Klaus Beck / Hans-Georg Herrlitz / Wolfgang Klafki (Hgg.), S. 50–56.

Richter, Helmut: Franz Kafka. Werk und Entwurf. Berlin: Rütten & Loening, 1962.

Rogers, Everett M. / William B. Hart / Yoshitaka Miike: Edward T. Hall and the History of Intercultural Communication. The United States and Japan. In: Keio Communication Review 24 (2002), S. 3–26.

Rorty, Richard: Contingency, irony, and solidarity. Cambridge/New York: Cambridge University Press, 1989.

Rorty, Richard: Kontingenz, Ironie und Solidarität. Übersetzt von Christa Krüger. Frankfurt a. M.: Suhrkamp, 1989.

Said, Edward W.: Orientalismus. Übersetzt von Liliane Weissberg. Frankfurt a. M./Berlin/Wien: Ullstein, 1981.

Said, Edward W.: Kultur und Imperialismus. Einbildungskraft und Politik im Zeitalter der Macht. Aus dem Amerikanischen von Hans-Horst Henschen. Frankfurt a. M.: S. Fischer, 1994.

Sarrazin, Thilo: Deutschland schafft sich ab. Wie wir unser Land aufs Spiel setzen. München: Deutsche Verlags-Anstalt, 2010.

Schöfthaler, Traugott: Multikulturelle und transkulturelle Erziehung: Zwei Wege zu kosmopolitischen kulturellen Identitäten. In: International Review of Education 30/1 (1984), S. 11–24.

Scollon, Ron / Suzanne Wong Scollon: Intercultural Communication. A Discourse Approach. Oxfort: Blackwell, 1995.

Sen, Amartya: Democracy as a Universal Value. In: Journal of Democracy 10/3 (1999), S. 3–17.

Sen, Amartya: Identity and Violence. The Illusion of Destiny. London/New York: W. W. Norton & Co., 2006.

Sen, Amartya: Die Identitätsfalle. Warum es keinen Krieg der Kulturen gibt. Aus dem Englischen von Friedrich Griese. München: Beck, 2007.

Simmel, Georg: Gesamtausgabe. Herausgegeben von Otthein Rammstedt. Bd. 11. Soziologie. Untersuchungen über die Formen der Vergesellschaftung. Frankfurt a. M.: Suhrkamp, 1992.

Statistisches Bundesamt: Fachserie 1: Bevölkerung und Erwerbstätigkeit. Reihe 2.2: Bevölkerung mit Migrationshintergrund. Ergebnisse des Mikrozensus 2005. Wiesbaden: Statistisches Bundesamt, 2009a.

Statistisches Bundesamt: Fachserie 1: Bevölkerung und Erwerbstätigkeit. Reihe 2.2: Bevölkerung mit Migrationshintergrund. Ergebnisse des Mikrozensus 2006. Wiesbaden: Statistisches Bundesamt, 2009b.

Statistisches Bundesamt: Fachserie 1: Bevölkerung und Erwerbstätigkeit. Reihe 2.2: Bevölkerung mit Migrationshintergrund. Ergebnisse des Mikrozensus 2007. Wiesbaden: Statistisches Bundesamt, 2009c.

Statistisches Bundesamt: Fachserie 1: Bevölkerung und Erwerbstätigkeit. Reihe 2.2: Bevölkerung mit Migrationshintergrund. Ergebnisse des Mikrozensus 2008. Wiesbaden: Statistisches Bundesamt, 2010a.

Statistisches Bundesamt: Fachserie 1: Bevölkerung und Erwerbstätigkeit. Reihe 2.2: Bevölkerung mit Migrationshintergrund. Ergebnisse des Mikrozensus 2009. Wiesbaden: Statistisches Bundesamt, 2010b.

Statistisches Bundesamt: Fachserie 1: Bevölkerung und Erwerbstätigkeit. Reihe 2.1: Einbürgerungen. Wiesbaden: Statistisches Bundesamt, 2011a.

Statistisches Bundesamt: Fachserie 1: Bevölkerung und Erwerbstätigkeit. Reihe 2.2: Bevölkerung mit Migrationshintergrund. Ergebnisse des Mikrozensus 2010. Wiesbaden: Statistisches Bundesamt, 2011b.

Stiftung Weimarer Klassik und Deutsche Genossenschaftsbank (Hgg.): Sichtweisen. Die Vielheit in der Einheit. Weimar: Edition Weimarer Klassik, 1994.

Terkessidis, Mark: Diversity statt Integration. Kultur- und integrationspolitische Entwicklungen der letzten Jahre. In: Kulturpolitische Mitteilungen 123/4 (2008), S. 47–52.

Terkessidis, Mark: Interkultur. Frankfurt a. M.: Suhrkamp, 2010.

Todorov, Tzvetan: Die Eroberung Amerikas. Das Problem des Anderen. Aus dem Französischen von Wilfried Böhringer. Frankfurt a. M.: Suhrkamp, 1985.

Vocabolario della lingua italiana di Nicola Zingarelli. Dodicesima edizione. Bologna: Zanichelli, 2000.

Warburg, Aby M.: Schlangenritual. Ein Reisebericht. Mit einem Nachwort von Ulrich Raulff. Berlin: Wagenbach, 1988 (= Kleine kulturwissenschaftliche Bibliothek 7).

Weisberg, D. Kelly (ed.): Feminist Legal Theory. Foundations. Philadelphia: Temple University Press, 1993.

Welsch, Wolfgang: Transkulturalität – die veränderte Verfassung heutiger Kulturen. In: Stiftung Weimarer Klassik und Deutsche Genossenschaftsbank (Hgg.), S. 83–122.

Welsch, Wolfgang: Transkulturalität. Zur veränderten Verfaßtheit heutiger Kulturen. In: Zeitschrift für Kulturaustausch 45/1 (1995), S. 39–44.

Welsch, Wolfgang: Was ist eigentlich Transkulturalität? In: Lucyna Darowska / Thomas Lüttenberg / Claudia Machold (Hgg.), S. 39–66.

Wolff, Armin / Wolfgang Rug (Hgg.): Vermittlung fremder Kultur. Theorie –
     Didaktik – Praxis. Regensburg: Fachverband Deutsch als Fremdsprache,
     1987.
Zuckmayer, Carl: Gesammelte Werke in Einzelbänden. Herausgegeben von
     Knut Beck und Maria Guttenbrunner-Zuckmayer. Des Teufels General.
     Theaterstücke 1947–1949. Frankfurt a. M.: Fischer, 1996.

Abbildungsverzeichnis

Abb. 1: Albert von Keller, *Chopin* (1873). Neue Pinakothek, München.

Abb. 2: Umschlagabbildung von: Klaus Antoni und Elisabeth Scherer (Hgg.), *Die subtile Sprache der Kultur. Interkulturelle Kommunikation im Bereich deutsch-japanischer Firmenkooperationen* (2006).

Abb. 3: Vittore Carpaccio, *Die Steinigung des hl. Stephanus* (1520). Staatsgalerie, Stuttgart.

Abb. 4: *Der Fetwah. Der Sultan verkündet den Dschihād, den großen heiligen Krieg gegen England, Russland und Frankreich* (1914–1918). Postkarte, Sammlung Lukan

Register

Dietmar Treichel,
Claude-Hélène Mayer (Hrsg.)

Lehrbuch Kultur

Lehr- und Lernmaterialien zur Vermittlung
kultureller Kompetenzen

Waxmann Studium
2011, 416 Seiten, br., 29,90 €
ISBN 978-3-8309-2531-6

Dieses Lehrbuch gibt einen umfassenden Überblick zu den Themen Kultur, Interkulturalität und Transkulturalität aus unterschiedlichen Fachdisziplinen und Zeitepochen. Es bietet einführende Lehrtexte und Lernaufgaben zur Erweiterung (trans-)kultureller Kompetenzen sowohl für Einsteiger als auch für Fortgeschrittene. Dieses Lehrbuch spricht Menschen an, die das Thema Kultur in Forschung und Lehre vermitteln oder sich dem Thema autodidaktisch nähern möchten.

Diese Kurzkapitel sind in sich lesenswert, bringen schell einen Überblick über den jeweils aktuellen Stand. [...] Am Ende eines jeden Kapitels haben die Autoren „Reflexionen" mit Fragen zum Text angelegt, die als Selbstreflexion oder für Seminarzwecke genutzt werden können.

Michael Sommer in Erwachsenenbildung, 1/2012

WAXMANN
Münster · New York · München · Berlin